SEM MEDO DA IMITAÇÃO
DA RÉGUA AO COMPASSO: UM FENÔMENO DE CONSCIÊNCIA

JAYME VITA ROSO

SEM MEDO DA IMITAÇÃO

DA RÉGUA AO COMPASSO: UM FENÔMENO DE CONSCIÊNCIA*

---

* O título do livro tenta refletir uma prática mimética da exposição do artista plástico Gilberto Salvador em São Paulo (Régua e Compasso, 2018), não o que ele gostaria de ser (ou uma originalidade sem precedente).

DIREÇÃO EDITORIAL:
Marlos Aurélio

REVISÃO:
Pedro Sérgio Lozar

CONSELHO EDITORIAL:
Fábio E. R. Silva
Márcio Fabri dos Anjos
Mauro Vilela

DIAGRAMAÇÃO:
Tatiana Alleoni Crivellari

CAPA:
Tatiane Santos de Oliveira

ORGANIZAÇÃO E PESQUISA:
Ricardo Cardoso Gama
Jéssica Costa de Almeida

Todos os direitos em língua portuguesa, para o Brasil, reservados à Editora Ideias & Letras, 2018.

1ª impressão

Rua Barão de Itapetininga, 274
República - São Paulo/SP
Cep: 01042-000 – (11) 3862-4831
Televendas: 0800 777 6004
vendas@ideiaseletras.com.br
www.ideiaseletras.com.br

Dados Internacionais de Catalogação na Publicação (CIP)
(Câmara Brasileira do Livro, SP, Brasil)

Sem medo da imitação: da régua ao compasso: um fenômeno de consciência/Jayme Vita Roso.
São Paulo: Ideias & Letras, 2018.
Bibliografia.
ISBN 978-85-5580-047-4
1. Brasil - Aspectos políticos 2. Crônicas brasileiras 3. Direito - Aspectos sociais
4. Direito - Brasil - História e crítica 5. Direito - Itália - História 6. Política social
7. Ponderação jurídica 8. Reflexões I. Título.

18-18903   CDD-869

Índice para catálogo sistemático:
1. Crônicas, pensamentos e reflexões : Literatura brasileira 869

Este livro é dedicado ao jurista, político, historiador, professor, ensaísta e crítico mineiro, Afonso Arino de Melo Franco (1905-1990). Autor da Lei Afonso Arinos contra a Discriminação Racial, em 1951, marco inicial da ideologia que varre o planeta, atestando que o homem foi criado único com o "pó apanhado do solo".

(Gen 2, 7 e Sr 3, 20; 12, 7; Sl 104, 29-30; Jó 34, 14-15; 1 Cor 15, 45-49)

ÍNDICE

Sob pretexto de ser apresentação – 11

Prefácio – 13

A dignidade de Giorgio Napolitano prova que a Itália pode se recuperar – 19

Fernando Sabino 90 anos – 23

A humanidade atravessa uma crise de inteligência afirma Edgar Morin – 27

Albert Camus 100 anos – 31

O Código de Ética da OAB e sua revisão – 35

Surgirá um novo Sartre? – 39

A imprensa na primeira década republicana – 43

A advocacia italiana abraça profundas referências sociais – 47

Delação Premiada: Está institucionalizada a "caguetagem" para o bem da nação – 51

Basta mudarem os Códigos para dar eficiência ao Poder Judiciário? – 55

Contratos com a moeda yuan: qual o dever do auditor jurídico? – 57

A incruenta batalha entre advogados e juízes na Itália – 61

Agora, agora, sei uma das causas da bandalheira generalizada no país – 67

As reformas na Constituição Italiana – 71

Um caso histórico sobre a arbitragem: Questão Missões – 79

O custo social e humano da obesidade: outra vez volto ao tema – 83

Porque o Brexit incita ao estudo do direito comparado? – 87

Profundas reformas políticas italianas – 93

Quando advogados e juízes se entenderam e firmaram um Protocolo de Intenção – 101

Que pretende a Economia Positiva, segundo Jacques Attali e seus amigos – 105

A dignidade da pessoa consolida e implementa a democracia sem partido – 109

Porto Rico: é bom lugar para investir? Confira o parecer do auditor jurídico! – 117

Comentando a Lei Municipal de São Paulo nº 16.703/17 – 127

Como a tecnologia é um desserviço à verdadeira administração da justiça: "justiça criativa: primeiro a sentença depois a audiência" – 131

15/11/1889: Data do Apocalipse Continuado – 135

O caminho tortuoso do governo federal – 141

Os que trabalham com empenho para destroçar o país – 147

Reflexões e breves comentários sobre o Brexit e seus efeitos – 151

A justiça argentina vai sofrer expurgos de Macri – 157

Desenvolvimento de negócios em um Estado de Direito e prevenção da lavagem de dinheiro e segredo profissional – 159

SOB PRETEXTO DE
SER APRESENTAÇÃO...

O gramático de escol, José Maria da Costa, no Manual de Redação Jurídica[1] – que fôlego – ensina que *a pretexto de* ou *sob pretexto de*, ambas expressões, revestem-se de vernaculidade, correção e tem o mesmo sentido. Empregadas são com o fim aparente de significar, dando razão ou desculpa.

Renovando meus escritos no *Mercado Comum* que empilham, no total, mais de dezoito anos de lavor diversificado, sempre com a benesse do professor Carlos Alberto Teixeira de Oliveira em consentir que eu colabore com as publicações, no âmbito do pomposo título: *Doutrina Jurídica*, ensimesmei-me, absorto da responsabilidade de colocar em cenas únicas, minhas reflexões. E, sem remorso, verticalizo-me e recordo Victor Hugo: *"Car le jeune homme est beau, mais le vieillard est grand"*[2 e 3].

E ainda mais, o faço porque este é um livro de textos de minha autoria, circulando nas trilhas sertanejas de Afonso Arinos, meu seguro guia em todo o percurso pedagógico, desde o ano de 1947, quando, recomendado pelo Irmão Marista, Caetano, no Colégio do Carmo, em

---

1 COSTA, José Maria da. Manual de Redação Jurídica. Ribeirão Preto: Migalhas, 2016. 816 p.
2 Victor Hugo, *La Legende des Siècles*. *Booz endormi*, Le Grand Livre du Mois, p. 4, 1994.
3 "Pois o jovem é belo, mas o idoso é grande".

São Paulo, dele absorvi o espírito e a forma, para o que li *Os Sertões*.

Afonso Arinos, na introdução da mencionada obra, esclarece: "O leitor descobrirá nele a falta de unidade, quer na maneira ou na execução, quer no estilo propriamente". Foram ali, como aqui, em épocas diversas, temas diversos, vidas diversas.

Este marcante autor, sob o pretexto de criar o personagem Tio Miguel, um bruxo, num dos contos, fez história. Pois eu, nem mesmo com bruxarias, consegui me reencontrar com este Brasil, retratado em meus escritos, pouco ou nada doutrinários, e amá-lo às vísceras.

Então, sob o pretexto de escrever *Doutrina Jurídica*, busquei interpretar a releitura da minha vida para reconhecer, como reconheço, que o ato de escrever "implica mais profundamente, mais essencialmente, uma autêntica experiencia espiritual[4]".

Baependi, 14 de junho de 2018, Nhá Chica.

---

4 WARE, Kallistus. *Relire sa vie pour y lire Dieu*. Paris: Vie Chrétienne, Paris, 2010. p. 6.

PREFÁCIO

É hábito, dentre os autores, convocar prefaciadores ilustres, de modo a manter o prestígio do texto prefaciado. Jayme Vita Roso fez o caminho inverso. Buscou dentre seus admiradores um prefaciador bissexto, menor, que colocará na sua biografia esse ato de generosidade do autor.

Advogado, pensador, jurista e escritor, empreendedor, o autor reúne qualidades singulares. É o criador do parque ambiental do Curucutu (neologismo criado a partir do lúgubre cantar [ou gemido] das corujas que habitam o lugar), onde por ele foram plantadas aproximadamente 850 mil árvores de espécies várias. É dele, portanto, a maior reserva de oxigênio existente (resistente) dentro do município de São Paulo. Jayme Vita Roso, um apaixonado pelas palavras, aos 84 anos, encerrando um ciclo de crônicas escritas para o periódico *Mercado Comum*, publicação nacional de economia, finanças e negócios, a 23 anos editado pelo ilustre mineiro Carlos Aberto Teixeira de Oliveira, nos oferece um plexo de crônicas sobre os mais variados temas. No texto, cada 'bateiada' resulta numa pepita. Um pinga-fogo de coisas boas.

Revelando certa preocupação com o país de seus antepassados, chama a texto fatos e eventos políticos e sociais de sua Itália, país que o Brasil não se cansa de imitar. Fala sobre as reformas na Constituição italiana; numa incruenta batalha entre advogados e juízes italianos, abordando tema complexo como a justiça distributiva. Noutro texto, fala da *Carta de Milão* e do *Manifesto da Advocacia* peninsular, ressaltando nas entrelinhas os compromissos de uma advocacia necessariamente ética. Dali se extrai a certeza de que o advogado é (deve ser) um agente de transformação social. Retorna ao Brasil para se dizer descrente do novo código de processo civil, em face de uma excessiva virtualidade do processo, diminuindo a possibilidade de se ser advogado de verdade. É um convite à reflexão. Empunha a bandeira dos que não aceitam o odioso instrumento da 'delação premiada', que considera, tal como se tem dado, como institucionalização da 'caguetagem'. Considera o procedimento forma inteligente e cínica de fazer do judiciário-criminal foro 'salvador da pátria'. O texto, escrito em 2015, vaticina que o tema acabaria por virar 'novela da Globo'. Era mesmo premonição. Jayme Vita Roso tem razão. O instrumento da delação premiada, enganador, esconde uma máquina do estado que é cara, obesa e ineficiente, porque não tendo sido competente para localizar e julgar fraudadores de bilhões de dinheiro, teve que se servir de 'delatores' premiados que, eufemisticamente, cognomina de 'colaboradores'. Pobres de nós, cidadãos sem rótulos e sem direito à filiação nos sistemas de 'quotas' e de siglas de ocasião.

Dissertando sobre a dignidade das pessoas, destila uma espécie de ira-santa na direção dos que trabalham com empenho para destroçar o país, faz uma advertência geral ao afirmar que "não há democracia sem definição precisa de liberdade e responsabilidade, para coroar a dignidade da pessoa", e conclui: "só direitos, não!". Disse tudo. No mesmo tom, transcreve Jean-Baptiste Colbert

(1619-1683) a lembrar que "a grandeza de um país não depende da extensão de seu território, mas do caráter do seu povo". Adiante, numa refinada e oportuna crítica, lança desabafo em direção ao país-de-funcionários-públicos no qual transformaram o Brasil, onde a iniciativa privada é afrontosamente desdenhada; denuncia os 'programas de produtividade' e os 'bônus de eficiência' distribuídos como benesses e que se somam aos 'pontos facultativos', às férias prêmio e regalias mais, à custa das burras públicas alimentadas com o suor de um povo (*rectius*: dos que pagam a conta) que já teve o privilégio de ser vilipendiado em apenas um quinto de sua fortuna, colônia que era. Nesse passo e nesse ponto, duas considerações, à título de tempero, vêm a texto por merecimento: a gente era feliz e não sabia. Os mineiros que foram condenados como inconfidentes, cada um na sua tumba, certamente amaldiçoam esse Brasil 'apilantrado', que não é o que desejamos como legado para nossos filhos e netos.

Vem a calhar como enunciado a frase-título de uma de suas crônicas, retirada do pensamento de Edgar Morin, para quem "a humanidade atravessa uma crise de inteligência", reconhecendo-se que nessa vala há, também, uma 'crise de consciência'.

O autor, que escreveu, também, imperdível obra a tratar de 'auditoria jurídica', há de ser aplaudido pelos seus leitores. De pé.

José Anchieta da Silva
(Presidente da Academia Mineira de Letras Jurídicas)

"Yo sólo ofrezco modi res considerandi, posibles maneras nuevas de mirar las cosas.

Invito al lector a que las ensaye por sí mismo; que experimente si, en efecto, proporcionar visiones fecundas; él, pues, en virtude de su íntima y leal experiencia, probará su verdad o su error".

- José Ortega y Gasset[1], *Meditaciones del Quijote*, 1914, Madri

"A esperança, enfim, é uma luta contínua com a banalidade, com as aparentes certezas da vida e a sua essência pertence à impressão inexprimível da fragilidade".

- *Eugenio Borgna[2] , La fragilità che è in noi*

---

1 José Ortega y Gasset (Madrid, 9 de maio de 1883 — Madrid, 18 de outubro de 1955) foi um filósofo, ensaísta, jornalista e ativista político espanhol.
2 BORGNA, Eugenio. *La fragilità che è in noi*. Turim: Giulio Einaudi, 2014. p. 98.

A DIGNIDADE DE GIORGIO NAPOLITANO PROVA QUE A ITÁLIA PODE SE RECUPERAR

A *Gazzetta Ufficiale* da Itália (Diário Oficial da União, versão tupiniquim), Série Geral nº 144, de 24/6/14, publicou o Decreto Lei nº 91, firmado pelo Presidente da República e que passou a vigorar no dia seguinte. O ambicioso diploma legal em que Giorgio Napolitano deixou sua assinatura, como, resumidamente, será abordado, foi sustentado pelos artigos 77 e 87 da Constituição Federal italiana. E, na Itália, esse foi um ato excepcional do Chefe do Estado, porque:

1. A teor do artigo 77, "o governo não pode, sem delegação das Câmaras, emanar decretos que tenham valor de lei ordinária". Quando, em casos extraordinários e de urgência, o governo adota, sob sua responsabilidade, decisões provisórias, com força de lei, deve apresentá-las para sua conversão às Câmaras que, também se desunidas, serão a propósito convocadas e se reunirão dentro de 5 dias. Perdem eficácia os decretos, desde o início, se não forem convertidos em lei dentro de 60 dias de sua publicação. Podem as Câmaras, todavia, regular por lei as relações jurídicas derivadas sobre a base dos decretos-leis não convertidos"

(texto original). Vários esclarecimentos poderiam ser focalizados sobre a mecânica procedimental desta norma, quando se processar nas Câmaras, mas não o serão por faltarem.

2. Tendo em conta a norma do artigo 87, ressalto que o Presidente da República é o chefe (no sentido próprio do vocábulo) do Estado e representa a unidade nacional (o que é precioso e salutar para o regime parlamentarista), competindo-lhe, entre outros poderes, "...emanar os decretos com valor de lei e seus regulamentos" (textual), cujo ritual segue o artigo 77. Todos os cidadãos respeitam a integridade, o fino trato político e a encarnação do chefe de Estado Napolitano como homem público de escol. E, se ele ousou assinar o Decreto-Lei nº 91/2014, tinha relevantíssimos motivos para fazê-lo, para relançar o país e enfrentar, de pronto, seus problemas candentes e impostergáveis. E quais são? Disposições urgentes para fortalecer o setor agrícola (que, em dias correntes, tem mantido viva a economia); tutelar o meio ambiente agredido em várias regiões; adotar a extraordinária providência de coordenar o sistema dos controles e a simplificação dos procedimentos administrativos; garantir a segurança, alimentar com dignidade os cidadãos, relançar fortemente os produtos agrícolas e garantir sua competitividade, de sorte que a chancela "*made in Italy*" seja adquirida sem temor, em qualquer

lugar do Planeta; colocar em segurança os locais contaminados; consolidar a garantia da gestão dos lixos sólidos urbanos e adequá-la, no ordenamento jurídico nacional, às obrigações derivadas em matéria ambiental e compatibilizar a legislação interna às da União Europeia.

A perda da competitividade industrial foi cuidada em separado, dando às providências urgência para minorar o desemprego, com nível debochado entre os jovens. Tratando-se de medidas propostas pelo Chefe de Estado, que lhes deu caráter dramático, pelo esmero e qualidade do texto, que vai até a redução dos gravames no setor elétrico em prol da produção, pude constatar nas datas "in loco", o apoio pelos diversos setores consultados e que a imprensa reproduziu. Aguardo, com muita fé e esperança, que o espírito cívico demonstrado pelo Premier Renzi se espraie pelos Congressistas e possamos, em breve, comemorar que a dignidade está imperando na Itália, apesar de todos os percalços no recente passado.

FERNANDO SABINO 90 ANOS

"A gente não programa o sonho. Toda experiência de criação é, portanto, uma novidade. O escritor, diante do papel em branco, deve ser sempre um estreante. É sempre uma aventura, como se fosse pela primeira vez".

Fernando Sabino

No dia 12 de outubro de 1923 (Dia da Criança) nascia, em Belo Horizonte, Fernando Tavares Sabino. Ou seja, comemoramos seu nonagésimo aniversário, neste ano. Seu passamento deu-se também no mês de outubro, no dia 11, em 2004.

Sua vida foi entremeada de esporte (natação), de leituras das mais variadas, de iniciativas ousadas (aos 15 anos ajuda a fundar um jornalzinho chamado "A Enúbia") além de iniciar a colaboração regular com artigos, crônicas e contos nas revistas *Alterosa* e *Belo Horizonte*.

No decorrer de sua vida, de uma intensidade inacreditável, trabalhou no Rio de Janeiro em vários jornais, revistas e no Tribunal de Justiça. E assim foi sucessivamente passando até a assessoria da campanha política de Carlos Lacerda e, em companhia de Otto Lara Resende, diretor da revista *Manchete*, antecipa a candidatura do general Juarez Távora, à Presidência da República, tendo recusado apoio a Juscelino. Fez diversas viagens pelo mundo afora, sobretudo à Europa, e tornou-se célebre sua permanência em Cuba, que resultou num livro "A Revolução dos Jovens Iluminados". Um após outro publica "A Mulher do Vizinho", "O Encontro Marcado", "O Homem Nu", "Quadrante 1" e "Quadrante 2", "Evangelho das Crianças". Escreve vários roteiros de filmes, minidocumentários para televisão, reportagens radiofônicas e televisivas, além de documentários com fundos educacionais e culturais.

Publicou um livro de grande repercussão em 1991: a biografia autorizada de Zélia Cardoso de Melo intitulada *Zélia, uma paixão.*

Sabino envolveu-se em vários escândalos em sua vida privada. Isso criou um clima hostil ao genial escritor. Pouco a pouco, foi diminuindo sua produção, destacando-se mais a trilogia de novelas *De* ação, fuga e suspense, *Aqui estamos todos nus* (1993). Seguiu esse livro profano-religioso intitulado *Com a graça de Deus* ou *Uma leitura fiel do Evangelho inspirada no amor de Jesus.*

Sempre procurou preservar a criança dentro de si, tanto que, ao falecer, em 11 de outubro de 2004, na cidade do Rio de Janeiro, a seu pedido, o epitáfio é: "Aqui jaz Fernando Sabino, que nasceu homem e morreu menino".

Sua bibliografia é extensa, com mais de 40 títulos publicado entre 1941 e 2004. Para termos uma ideia brevíssima da importância deste mineiro, na literatura nacional contemporânea, recordo que em 2006 *O Encontro Marcado* atingiu a 82ª edição.

Embora não tenha sido tão elogiado, seu conto *Martini Seco*, que pertence à obra "A Faca de Dois Gumes", publicada pela Editora Record em 1985, este escriba o considera uma da principais criações do autor que, lançando-as e participando de uma série de obras conhecida como "Rosa dos Ventos" para a Editora Ática, nos colocou, ainda nos coloca e nos colocará sempre em questão com nós mesmos pois diz, no frontispício: "Quem embarca nas palavras, viaja com a imaginação".

Reproduzo o que ele mesmo disse a respeito da história *Martini Seco*: "Por mais incrível que você possa imaginar essa história está baseada, em parte, na realidade. Ela sucedeu com um amigo jornalista e delegado, que recebeu as acusações mútuas entre a esposa e o marido. Depois veio um pouco de imaginação do escritor. Quando meu amigo me contou a história, ela me intrigou bastante e continuou me intrigando. Tanto é que primeiro o tema apareceu numa crônica do livro *Homem Nu*, depois que fiz uma peça de teatro baseada na trama. Ainda tocado pela coisa, escrevi esta novela, e, mais recentemente, reescrevi a peça de teatro. Veja só como a coisa me pegou. Mas valeu a pena." (p. 5, Editora Ática, 1987).

Tendo gozado na adolescência a amizade de Hélio Pellegrino, Otto Lara Resende e Paulo Mendes Campos, não poderia deixar de, no acaso da sua vida, ser o que foi e o que representou para a época e para a nossa literatura contemporânea. Afinal, este privilégio foi marcante.

Recentemente, em discreta e lúcida apresentação, foi ele recordado no Espaço Cultural do Banco do Brasil, em Belo Horizonte (no período de 24/9 a 4/4/2014). Emocionei-me, com as suas palavras, reproduzidas em painéis e com as fotografias de momentos decisivos de sua vida.

Quanta memória: "Eu quis sugerir que, por baixo da realidade que se apresenta aos nossos olhos, existe outra que é a verdade. Esta verdade pretendo alcançar com o que escrevo. Uma verdade além da realidade, que só se alcança através da imaginação, da fantasia e dos sonhos" (de um dos painéis).

A HUMANIDADE ATRAVESSA UMA CRISE DE INTELIGÊNCIA, AFIRMA EDGAR MORIN

Aos 92 anos, lúcido, simpático, amável, produtivo: este é o perfil do filósofo, sociólogo e antropólogo Edgar Morin. Nasceu em Paris (1921), refugiou-se em Toulouse, durante a segunda guerra; de origem judaica, com seu nome encimado em uma universidade do norte do México (Hermosillo), é figura presente no pensamento brasileiro, visitando-nos desde sempre. Apela-se "Omnívoro Cultural". Exerce preponderante influência sobre a cultura contemporânea na América Latina, como na Coreia e no Japão.

Quando lhe dediquei um longo espaço no livro *Carrefour para intelectuais franceses contemporâneos – Antologia*, confiava em que, na sua provecta idade, não abandonaria suas ideias e seus ideais. Tanto que, com 91 anos (2012), com Stephane Hersel escreveu *O Caminho da Esperança*.

A propósito, Morin não aponta a crise de inteligência como única em nossos dias, mas também uma crise de consciência, sobretudo porque voltadas unicamente ao crescimento. As políticas têm os olhos fixados no PIB, fator artificial, e são ignorantes, porque não se lê mais, admitindo-se a competição selvagem, que dispensa a participação da comunidade e afasta a solidariedade dos trabalhadores, distanciando-se de sua capacidade de gerar novas ideias e melhores iniciativas para o bem da sociedade. Vivemos num mundo onde o pensamento é fragmentado, preso em comportas, solitário, onde as ciências não mais se comunicam. Nada fecunda o campo do pensamento, por isso a única solução é a "metamorfose possível", especialmente na Europa.

Essa "metamorfose" europeia deveria surgir da introspecção que levasse à ação, pela ecologia; preservar a biodiversidade, resistir, enfrentando duramente, a poluição em geral, a degradação ambiental, o superaquecimento climático, produzir na agricultura e na pecuária produtos sadios e ainda recompor a saúde e a vitalidade dos solos contaminados.

Confiante, mas crítico (produziu copiosa literatura sobre a ausência do viver pleno) e voltado ao Continente Europeu; insiste em que é preciso pensar numa espécie de identidade europeia, conferida pela exigência de uma única cidadania, dentro de um arcabouço cultural construído, através da verdadeira metamorfose. Reporta-se à genialidade de André Malraux, para quem "não há esperança (sucessão) sem metamorfose" (tirado do prefácio que ele escreveu para o livro *Conquérants*). E, propondo, mas criticando, acaba de publicar *Notre Europe, Décomposition ou Métamorphose?* com o pensador italiano Mauro Ceruti.

No *"Le Magazine Littéraire"*, abril de 2014, nº 542, página 72, apreciando o mencionado livro, o crítico A.W.L., ao sintetizar a obra e o fim a que visa, e sobre ideias propostas, escreve: "Hoje, explica Morin, pode-se reconhecer em Dom Quixote, Fausto ou Don Juan livros tipicamente europeus, porque eles são heróis do confronto e da chacota na busca do sublime e do absoluto. Atravessada pelo antagonismo do passado e do futuro, a cultura europeia utiliza, por vezes, ideias mestras e seus contrários". Enfim, como Dostoiévski, ela evoca, sem perder o sentido do emblema Liberdade, Igualdade e Fraternidade, que a miséria deve ser reconhecida, escancarando-se as janelas para uma ciência com sentimento humanista, porque falta ao mundo um pensamento sério e autêntico.

ALBERT CAMUS 100 ANOS

No ano recém-findo de 2013, o mundo intelectual comemorou, relembrando, a memória de Albert Camus (1913-1960). De todos os textos que pinçaram os poliédricos aspectos deste autor, para mim, abraço o que foi escrito pelo anônimo apresentador da Coleção "Novas Visitas" do *Magazine Littéraire*: "Pensador solar, romancista, metafísico e lírico, dramaturgo, político, jornalista engajado, Albert Camus esteve presente em todos os embates de seu tempo; e o tempo, frequentemente, mostrou, além do valor de suas obras, a correção de suas posições. Da Argélia colonial às plagas parisienses, dos primeiros artigos à luta contra os totalitarismos, eis a história de um autor que soube, no meio das tempestades do século XX, mirar-se: a de um humanismo sem Deus" (ISBN 979-10-9153005-7).

Robert Zaretsky, estudioso de Camus, conseguiu cumprir a tentativa de dedicar-lhe uma obra que fosse tida como a que o projetasse, sem retoques. Deu a lume *"A life worth living – Albert Camus and the quest of meaning"* (ISBN 9780674724761, Berkeley Press, nov. 2013, p. 240).

Zaretsky assentou a biografia no pavimento de que Camus recebeu o Prêmio Nobel de Literatura (1957), marco indelével de seu procedimento, espírito, escritos, caráter: "recusa de mentir sobre o que alguém conhece e resistir contra a opressão". Era seu caráter, que o fez explorar, nos livros que legou aos pósteros, o que o dilacerava:

o absurdo mundo atual, o silêncio provocado, a revolta silenciosa que amargura, a falta de fidelidade aos princípios abraçados e a necessária moderação comportamental.

Passando os anos, Camus admitiu que a rebelião é parte da condição humana e, nobre o ideal, deve-se viver seu desespero, sentimento que, ao final das contas, descontrai a vida, por isso, se não há razão para esperança, também não há para desespero, que não é de ser vivido ou venerado.

Sua ausência de racionalidade flexionou-o ao seu intuito, que lhe deu esperança na mudança do mundo, em particular com o que ocorreria na África do Norte (nasceu na Argélia). Foi com esse propósito que a escritora norte-americana Alice Kaplan "iluminou o dilema vivido por Camus: comprometido com a defesa dos que sofreram com as injustiças coloniais", ao anotar a introdução de versão inglesa das *Crônicas Algerianas* (ISBN 9780674072589, Belknap Press, maio 2013, p. 240), originalmente destinado ao público, na França, em 1958.

Camus, em vida, foi reconhecido como "a voz de uma geração"; hoje, até a revista católica *América*, ecoando a reputação assegurada após sua trágica morte, continua em desfiar seu papel de ser "um santo secular". Sua obra é uma alquimia acabada, milagrosa, porque, nos seus títulos, não se exige do leitor mais do que dizia Flaubert: "Leia para viver".

Albert Camus pertence à galeria dos autores que produziram grandes obras da literatura francesa, na qual se incluem: *A Queda*, *O Estrangeiro* e *A Peste* (ao ver do dicionarista Jean-Pierre de Beaumarchais) e fazem parte dos *1001 Livros que é Preciso Ter Lido na Vida*, que o acadêmico Jean d'Ormesson, com os títulos *O Estrangeiro, O Homem Revoltado*, além do celebradíssimo *A Peste*, por ele repetido (ISBN 9782-0802-1562-2, 2006), enumerou e ressaltou. Este escritor, quando comenta, apenas elogia, critica, uma obra tão complexa como a de Camus. Permite-se-lhe questionar: "Que livro o impressionou na vasta obra de Camus?"

Vivendo hoje, amargurando as contradições da sociedade líquida, sem temor de crítica, aponto *O Homem Revoltado*, como o que cinzelou meu íntimo. Escrito entre os anos de 1943 e 1957, produziu grande ruído entre a *intelligentsia* da época. Denso, difícil e até confuso é o texto maior para cravar a crítica das ideologias e a ficta compreensão dos anos do século pós-guerra, com a virtude suprema dos gênios de antecipar em um quarto de século "os novos filósofos" e o turbulento questionar dos surtos revolucionários do fim dos anos setenta.

Extraio este pensamento dele, para quem se dispuser a refletir: "O homem é a única criatura que recusa ser o que ela é".

O CÓDIGO DE ÉTICA DA OAB E SUA REVISÃO

Passados longos anos desde a sua publicação (1/3/95), o Código de Ética e Disciplina da OAB está sendo revisto e adaptado ao estágio contemporâneo da profissão, por comando do atual presidente, Dr. Marcus Vinícius Coelho. Escolhidos os membros da Comissão, abriu-se consulta pública, sem muita divulgação, o que, por si, implicitamente, vai ser decidido por um número reduzido de profissionais, os Conselheiros Federais.

Bem, antes de qualquer comentário, quero reportar-me, pelo desconhecimento generalizado, a Afonso Maria de Ligório (1696 – 1787), que escreveu um decálogo, melhor, dodecálogo dos mandamentos dos profissionais do Direito. Afonso foi jurisconsulto, teólogo moral e bispo.

De suma inteligência e de família nobre, com 16 anos foi galardoado com o título de Doutor em Direito Civil e Canônico, sobre não lhe faltarem dotes, porque ainda foi poeta, músico, arquiteto e pintor.

Natural de Nápoles, e, como é genérico dos originários da região meridional italiana, foi temperamental e partícipe ativo da época em que viveu, sobretudo enquanto advogado.

Por quase uma década Afonso de Ligório foi o "Príncipe do Foro", expressão comum nos ambientes judiciais, não perdendo uma só causa. Invicto, com louvor. Mas eis que, pugnando num processo tormentoso entre nobres (duques), em que muito dinheiro estava na berlinda, devido à corrupção na Corte Judicial, é vergonhosamente vencido.

Como dissemos, seu temperamento, fundado num caráter pétreo, leva-o a um lugar solitário, por alguns dias, longe da família e de todas as atividades, fazendo jejum completo. Resultado: ele proclama "Mundo, agora te conheci! Adeus, tribunais! Não me vereis jamais". Cavaleiro que era por mérito, deixa sua espada em definitivo. Decide ser padre e o foi, com zelo e aplicação, fundando a Ordem dos Redentoristas.

Com o mesmo ímpeto e ardor, dedicou-se a evangelizar os pobres, o que lhe causou zombaria generalizada da nobreza, que proclamava "inexistir pobre em Nápoles". Abandona a cidade e passa a viver entre os criadores de cabras e de ovinos, nas suas vizinhanças, que, hoje em dia, passados vários séculos, continuam pobres, abandonadas, sujas e dominadas por grupos celerados.

Orador com dotes sublimes, encantou seus contemporâneos, embora continuassem a ridicularizá-lo, produto da maldade humana, dos que só vivem da fecundidade argentária.

Habilíssimo escritor, legou aos pósteros copiosa bibliografia e é tido como o mais importante e seguro prosador religioso da sua época.

No dia 1º de agosto de 1787, com 91 anos, falece, circundado dos seus coirmãos da Congregação do Santíssimo Redentor. Tinha a garra, a disposição, a vontade, o fervor daqueles como Inácio de Loiola ("o louco"), de mudar os hábitos e acudir os necessitados, tanto que vendeu todos os seus bens (até o anel de bispo), para viver como pobre e voltou ao convento que fundara. As máximas ou seu dodecálogo, que se aplicam à deontologia forense, são válidas ainda hoje, porque são eternas:

1. Nunca servir uma causa injusta: nisso se perde tanto a própria consciência quanto a reputação.
2. Para uma causa, mesmo justa, abster-se de qualquer manobra ilegal ou injusta.
3. Não sobrecarregar seu cliente de despesas supérfluas; fazendo-o, o advogado estaria obrigado a restituí-las.
4. Tratar dos interesses de seus clientes com todo o cuidado que se tem com os próprios negócios.
5. Estudar os documentos, a fim de tirar deles argumentos sólidos (probidade intelectual).
6. Os atrasos e a negligência do advogado frequentemente prejudicam o cliente. Há então, o dever de reparar o dano.
7. O advogado deve implorar a ajuda de Deus: Deus não é o primeiro protetor da justiça?
8. Está errado aquele que se encarrega de mais casos do que seus talentos, suas forças ou seu tempo, os quais pode defender eficazmente.
9. Justiça e probidade são as duas companheiras inseparáveis do advogado; cuidar disso como das pupilas de seus olhos.
10. Um advogado que perde uma causa por negligência sua, incorre na obrigação de reparar todos os prejuízos sofridos por seu cliente.

11. Na defesa de uma causa, nada dizer que não seja verdadeiro, nada esconder tampouco, respeitar o adversário, apoiar-se unicamente na razão. Afinal de contas, as virtudes que constituem o advogado são a ciência, a aplicação (diligência), a verdade, a fidelidade e a justiça.

Será que, concluindo, os ilustres Conselheiros, encarregados das mudanças do vigente Código de Ética, terão, pelo menos, independência para prepararem e aprovarem mandamentos compatíveis com a dignidade embaçada da profissão? Será que as máximas de Afonso, quando menos, podem lhes servir de guia? Será que o mercantilismo será coartado?

SURGIRÁ UM NOVO SARTRE?

Quanto Sartre nos ensinou! Impossível sequer imaginar que Sartre (1905–1980) não tenha sido decisivo para o pensamento do século passado, apesar de muitos intelectuais (filósofos e psicólogos) insistirem que ele foi mais publicidade do que profundidade de pensamentos, ideias e "novidades", esquecendo que ele foi um participante, destacando-se no que se envolveu.

Retrocedo aos anos 1960, quando trabalhava na Europa, baseado em Pádua, na Itália, mas, sempre atento, ia participar dos acontecimentos políticos e sociais que ocorriam na França. Embora mero espectador, refletia nos eventos que iriam dar um novo tom às orientações dos costumes, provocados por contestações legítimas. Tanto que, em menor proporção, na Itália a *contestazione* ecoou, até na cinematografia, com um filme protagonizado por Alberto Sordi, humorizando o movimento peninsular. E na França, na década subsequente, ainda Sartre era modelo. Um dos ícones franceses da "nova filosofia", Bernard Henri Levi, muito criticado porque seus detratores afiançavam que ele não mereceu a fama conquistada, com seus escritos, até considerados medíocres, no início deste século, deu ao público *O Século de Sartre*, em que retrata o homem e sua obra. Enfatiza que Sartre comandou o pensamento mundial, sobretudo da segunda metade do século XX.

Dividiu o livro em três grandes partes, porque tentou emoldurá-lo dentro do "homem século", onde retrata sua glória sua intelectualidade, as ideias que combinavam com Gide, Bergson e Heidegger (p.17/217); na segunda parte, desnuda o homem: esboça que seu existencialismo é anti-humano; seu caráter e atitude como ferrenho "autofascista", como enxergava a rendição francesa e o governo de Vichy, como resistente naqueles momentos e contra quem Sartre esgrimou intelectualmente (Foucault) e quem ele apoiou (a questão judaica), e seus interlocutores desafetos, entre eles Camus; na terceira parte – para este escriba, a mais consistente – o autor aponta várias singularidades sartrianas no campo das ideias e da política fervilhante, a amizade com Castro, o amor à Itália, os testemunhos dos contemporâneos, sua pregação literária (p. 427/628). Levi traça em linhas ferventes de emoção, no epílogo (p. 629/662), seu carinho, pois exibe Sartre cego, seu reencontro com Benny Levy, o homem que teria sido judeu, daí seu diálogo com Levinas. Nessa época, derradeira desta vida inigualável, depois de várias tentativas, por quinze anos, consegui que Sartre me autografasse seu livro síntese *L'age de la raison*.

Desse encontro, ocorrido em Montmartre, quase três décadas passadas, ele, muito doente, mas lúcido, me fez validar o valor literário de Gilles Hanus, para confirmar que pensar a dois "não é trocar pensamentos elaborados na solidão a fim de mensurar seus efeitos *vis-à-vis*, mas produzir um conjunto de enunciados, proposições de pensamento", aliás por meio de uma prática inédita, como fez, sem titubear.

Será difícil surgir outro Sartre, neste século, em que impera a falta de inteligência, a mediocridade intelectual, a ausência de elaborar propósitos, assumindo ideias que não se confundem com mitos.

A IMPRENSA NA PRIMEIRA DÉCADA REPUBLICANA

Quem vive o que hoje estamos sentindo na carne, na alma e no coração, neste país, para não se desesperar, deverá buscar o que ocorreu com a mudança do regime monárquico para o republicano em 1889. Para um julgamento pessoal adequado e probo, somente com as fontes da época poderemos satisfazer esta curiosidade.

O período de 1889 a 1899 teve excelentes trabalhos publicados, alguns dos quais ainda alcançáveis em livrarias especializadas. Nesta oportunidade, traremos o ensaio do célebre jornalista e exímio polemista Carlos de Laet, intitulado *A Imprensa*.

Não há dúvida, para o autor, de que, na época de D. Pedro II, a imprensa foi livre, isenta e combativa, tanto que o Imperador, ao retornar de viagem ao exterior, em 1888, recebeu homenagem, incluindo este texto: "Nunca a livre expansão do pensamento, a liberdade de imprensa, teve mais convencido, mais enérgico, mais constante defensor do que o Imperador do Brasil D. Pedro II" (p. 70). Este conceito foi sustentado por jornalistas e republicanos históricos, entre eles o exaltado Ferreira de Araújo.

O Império propiciava e facultava que os cuidadosos defensores do regime que veio a se instalar com o golpe de 15 de novembro de 1889 insultassem os monarquistas. Às vezes, até o decoro era ultrapassado. O espírito liberal da monarquia tolerava palavras inadequadas, como as proferidas no Clube Republicano de Campinas (SP), de autoria de Francisco Glicério e Assis Brasil. As autoridades, muito menos por desleixo ou por desprezo que por convicção de que, lembrando o grande Tácito, da Roma Antiga, só há felicidade quando o poder aprova o que cada um possa fazer livremente, por respeito aos ideais da verdadeira liberdade, não confundida com licenciosidade.

Carlos de Laet passa em revista, no ensaio mencionado, o governo de Deodoro, com minucioso exame do que e como se expressaram os princípios da época, sobretudo os do Rio de Janeiro. Levando Bocaiuva e Ruy Barbosa a travarem elegantes debates, que conduziram o último a confessar, em *Cartas de Inglaterra*: "Não conspirei para a república. Tive a sua revelação nas vésperas, quando ela estava feita" (p. 83).

Tempos passando, a puerilidade vaidosa dos republicanos leva a liberdade de imprensa a ser maculada, como constatou Affonso Celso (p. 86) que, desterrado, levantou o que sucedia no país após o 15 de novembro. E, então, a *Tribuna Liberal* de 16 de novembro de 1889, em artigo antológico, posicionou o dever do jornalista, mormente no "regular exercício das funções sociais" (p. 87). E, com o novo governo, o abuso da força suprimiu momentaneamente a função da imprensa.

Os inconformados com a brutalidade do novo regime, autoritário e centralizador, como o incomparável

Eduardo Prado, devem o tom da insubordinação à nova ordem, levando inclusive ao exterior o estado maculado da liberdade de falar, escrever, enunciar, divertir-se.

Enfim, implantada a ditadura militar, o famoso jornalista Quintino Bocaiuva, guindado a ministro, confessou que o decreto militar do golpe afetava a liberdade e a imprensa (p. 97-8). Este mesmo Quintino Bocaiuva minuciosamente demonstrou, em várias páginas, que o articulista Carlos de Laet traiu os ideais da profissão e sua dignidade pessoal dando apoio aos golpes militares. Até mesmo o próprio *O Estado de S. Paulo* (26 de março de 1890), chegou a escrever que "há hoje na república garantias menos seguras e menos eficazes do que as que dava a monarquia" (p. 107).

Sucessivas ocupações dos jornais ocorreram para coibir, durante a primeira década republicana, que notícias contrárias ao *establishment* viessem a público. Até morte houve de jornalistas no próprio local de trabalho (p. 112-3). E o inquérito foi abafado...

Pior foi no governo de Floriano Peixoto (p. 119-43), com casos de violências, ferimentos e mortes, inclusive por oposição dos próprios e dignos militares às brutais repressões como a que sucedeu na Fortaleza de Santa Cruz (RJ), abafada com sangue e ocultada do público.

Com Prudente de Morais (p. 144-68) não houve mudança significativa no teor da repressão, com empastelamento de jornais e mortes, sem refúgio para os jornalistas perseguidos, levando Laet a escrever sobre esse negro período: "A incompatibilidade da república e da liberdade de imprensa nesta parte do nosso continente" (p. 168).

Nas então Províncias (p. 169-91), a repressão, o constrangimento, a violência, as mortes, as invasões, as destruições vingaram e, dentro do quadrante do território nacional, nada escapou à sanha dos que, com o poder, o usaram para locupletar-se e calar os que se lhe opunham. Em Pernambuco, por exemplo, o redator da *Província* (13/12/89) teve a coragem de escrever: "Em pleno domínio da república e em plena praça pública, a polícia ataca covardemente a liberdade de imprensa." (p. 169).

Assim se conta o que ocorreu e ninguém trouxe à luz. Valeu o golpe de 1889?

A ADVOCACIA ITALIANA ABRAÇA PROFUNDAS REFERÊNCIAS SOCIAIS

No dia 5 de junho deste ano (2015), advogados, em Milão, no evento tutela da vida e da saúde e da luta contra as fraudes, no âmbito das manifestações realizadas no megaevento da Expo local, atentando aos pedidos inscritos na Carta de Milão, que clamam a atenção e a participação de todos os cidadãos deste Planeta, mostram-se abertos em compartilhar com o espírito e princípios que a Carta de Milão promoveu, consagrou e levou ao público.

O documento, redigido e subscrito pelo presidente do Conselho Nacional Forense, advogado Andrea Mascherin e pelo presidente do Conselho da Ordem dos Advogados de Milão, o advogado Remo Danovi, enfaticamente chamado de "Manifesto da Advocacia", é sintético, composto de três itens: o apelo, a declaração e os propósitos do trabalho que requer empenho local, nacional, europeu e internacional.

1º) O apelo lembra que a responsabilidade da advocacia é historicamente e tradicionalmente assumida pela profissão, com o objetivo de contribuir no avanço social, sobretudo para as gerações futuras, no trabalho de tutela e promoção dos direitos da sociedade civil; a necessidade de concorrer, no âmbito das próprias atividades internacionais, para superar os atuais problemas globais, tendo em vista a redução das desigualdades e os desequilíbrios; combater as contrafações e as fraudes; reequilibrar o acesso aos recursos e reduzir os desperdícios e a falta de cuidado com o Planeta e o território nacional; a observância dos princípios e valores do próprio código ético e a função social praticada.

2º) A declaração manifesta que os advogados condividem com os princípios enunciados na Carta de Milão (documento extenso, contundente, apelativo) com afirmação de que o direito à nutrição e à tutela da saúde, portanto, direito humano fundamental, lembrou outros deveres sociais como a defesa do território e do meio ambiente, a distribuição equitativa dos recursos, a segurança e o programa de sustentabilidade; para banir a desigualdade e a violência, para combater as contrafações e as fraudes, para reconhecer os valores e os ideais, para respeitar a lei, a ética e o direito dos outros.

3º) O propósito amplo do empenho local, nacional e internacional exige, em qualquer instância, sustentar e dar efetivo reconhecimento a tais direitos fundamentais e defendê-los em qualquer circunstância, representando também os degraus da sociedade civil nos debates e nos programas de formação de políticas públicas; por reclamos da cidadania, interlocutor com as instituições para realizar legítimas propostas e para combater violações, contrafações e fraudes; para confrontar com as causas das infrações dos direitos, promover a educação para a legalidade e fazer coincidir os valores de todas as profissões; traduzir em ações concretas, nos direitos indisponíveis, os princípios que forem nocivos à vida, à saúde e à dignidade das pessoas.

Assim, a Advocacia Italiana cumpre o papel que os princípios éticos e deontológicos consagram.

DELAÇÃO PREMIADA: ESTÁ INSTITUCIONALIZADA A "CAGUETAGEM" PARA O BEM DA NAÇÃO

Recentemente, os renomados criminalistas Roberto Podval e Maíra Zapater, uma vez mais na imprensa paulista, têm denunciado o exagero da delação premiada e da forma como vem sendo tratada nos processos que correm sob a batuta do magistrado Moro, no Tribunal de Curitiba, que avocou todos os inquéritos e processos, envolvendo a Petrobras e outras estatais.

Anoto que o desenvolvimento destas operações, feitas com requintes de publicidade exagerada, tem servido para desconstruir não só o PT, mas a presidenta da República, Dilma Rousseff, eleita pelo voto popular de forma indiscutível.

De outro lado, para os causídicos mencionados, a forma reiterada e desabusada da delação premiada, além de exigir questionamentos éticos de seriedade por motivos óbvios de favorecimento aos "caguetas", propicia a clara visão de que estamos também insinuando a prática de chantagem judicial. Basta que uma testemunha, que, "apenas" prestando depoimento em juízo, sugira que alguém recebeu dinheiro de origem espúria, para, de pronto, criar-se um ambiente que vai denegrir o imputado e sua imagem, mormente se homem público, contra o qual nada existira anteriormente. E ainda mais, dias depois, decreta-se-lhe a prisão temporária que, majoritariamente, é convertida em preventiva à eternidade.

O processo de delação premiada tem sido reproduzido e fabricado às mãos cheias e, para a Polícia Federal investigar a acusação e, sobretudo, o nomeado no ato judicial, basta que seja referendado pelo Ministro do STF, relator do caso matriz. Este não presta jurisdição de mérito e, em última instância, sem avaliar o conteúdo autêntico da delação, muito menos os personagens (acusador e acusado), nada mais nada menos, a meu modesto ver, profere um ato de jurisdição voluntária, que traz consequências danosas, como se tem demonstrado em muitos episódios recentíssimos, a inúmeras pessoas.

Não se respeitam mais contratos plenos e acabados, ainda mais executados e comprovados, que chegaram ao seu termo com o cumprimento das cláusulas estipuladas. Ainda, segundo aqueles respeitáveis causídicos paulistas, a recorrência da utilização dessa grotesca figura jurídica da delação premiada espraia-se de tal sorte nos tribunais, que já se criou uma classe de advogados especializados em "caguetagem". Como procedem esses causídicos, já está bem delineado, porque eles acompanham seu cliente à delação e, depois, não estão inibidos, ética e moralmente, de patrocinar aquele que foi delatado. É uma forma muito inteligente e cínica que o Estado está adotando para dar à justiça criminal foro de "salvadora da pátria". E pode acabar virando novela da Globo.

Na verdade, a delação premiada como está ocorrendo, apenas serve para desmascarar o Estado enfraquecido na distribuição da justiça, sobretudo na culpabilização desenfreada. Não é por menos que a seleção brasileira de futebol apanhou de 7 a 1 e ninguém se envergonhou.

Onde impera o cinismo, o descaramento e a abúlica moral, é nisto que dá.

BASTA MUDAREM OS CÓDIGOS, PARA DAR EFICIÊNCIA AO PODER JUDICIÁRIO?

O Sistema Brasileiro de Processo Civil, herdado das Ordenações, desde a sua instituição e vigência passou por poucos estágios, sempre com a intenção de que a distribuição da Justiça fosse adequada tanto quanto célere. Em vão o digo, porque a tarefa das reformas foi confiada a técnicos, que usam métodos gongóricos, para que o interessado tenha resultado, enquanto vivo.

Mas, da separação hígida do Código Buzaid para o Código Fux passamos a um sistema que, buscando o sincretismo, num chamado "processo de resultado", como sustentam os advogados brasilienses Jorge Amaury Maia Nunes e Guilherme Pupe da Nóbrega (*Migalhas*, 29/9/15), busca-se a efetivação "por normas específicas, à execução e aos procedimentos especiais, sejam os quatorze expressamente previstos no CPC, sejam os outros tantos tratados em legislação esparsa (Leis 9.099/95 e a 11.902/2009 por exemplo)".

Dou razão ao jovem Primeiro Ministro Matteo Renzi, que, agressivamente, mudou em quatro meses o carcomido direito trabalhista italiano (e até os sindicatos engoliram). Agora, parte para a reforma administrativa e a parlamentar. Isso, em apenas 15 meses, fez o PIB da Itália suplantar o do Brasil e reduziu em 35% o desemprego.

Sou descrente desse novo CPC, como será aplicado, sobretudo porque dá ao magistrado mais poder do que se imagina; com a virtualidade, liquida o contato humano, a possibilidade de o advogado ser advogado de verdade, a indispensável dialética, e viveremos a distribuição da justiça com o mesmo sabor amargo do tecnocrata manipulador da economia.

E o velho La Rochefoucauld, em 1688, nos dá esta máxima moral: "Se resistimos às nossas paixões, é mais pela fraqueza dos outros do que por nossa força".

CONTRATOS COM A MOEDA YUAN: QUAL O DEVER DO AUDITOR JURÍDICO?

I

Com seu charme discreto, a Diretora do FMI, Madame Christine Lagarde, anunciou que a moeda chinesa yuan passou a ser aceita e aprovada como "reserva". E, decorrente, no dia 1º de outubro de 2016, o yuan se tornará parte da "cesta de moedas" do FMI, em companhia do dólar americano, do euro, do yen e da libra esterlina.

A primeira consequência: está decretado o fim do domínio do dólar, como Jan Dehn, titular da pesquisa do Ashmore Group, escreveu, acrescentando que o yuan superará o dólar como "moeda reserva", enquanto que o mercado de *bonds* será dirigido, operado e manipulado pelo governo da China. Sua conclusão é que o tamanho da economia chinesa, sustentando crescimento maior do que a americana, é "inevitável" que passe a do seu antagonista[1].

Bem, como analisar a decisão do FMI e por que foi promulgada é o que, em síntese, faremos, com estas afirmativas:

1ª) O yuan, como "moeda reserva", foi longamente planejado para chegar ao patamar que levou o FMI a aprova-lo. Os chineses, com agudeza e com visão de horizontes largos, dentre outros fundamentos, valeram-se

---

1 Em outubro de 2016, o yuan será *"freely usable"*, representando no SDR Basket a porcentagem de 10,92%, segundo pesquisa de Money Morning Staff em 10/10/2015.

da experiência americana quando suplantaram a libra esterlina, assim como os meios e artes empregados.

2ª) Tendo em relevo que, na China, nada sucede da noite para o dia, é aceito que, no curto prazo, nada acontecerá; porém, também é inevitável que ocorra nos médio e longo prazos uma reviravolta monetária.

3ª) Jogam os chineses, no cassino do mercado de moedas, com um cacife assustador: pelo menos 10% das reservas globais (moedas) ou um trilhão de dólares americanos poderão ser convertidos em yuan em um piscar de olhos (*overnight*). Quem pagará? A demolição do dólar americano num golpe, ou, com paciência, a tortura poderá ser prolongada, mas poderá se dar. Não esquecer que hoje a China é a segunda economia mundial e o valor de seu mercado de capitais é de sete trilhões de dólares.

4ª) Nem sendo Pitonisa de Delfos ou Nostradamus se poderá avaliar, com segurança, com probidade profissional, com acuidade, o que a convertibilidade do yuan como "reserva" poderá acarretar à economia americana.

Mergulhadas as economias ocidentais em crises de diversas causas, origens, objetivos e matizes elas têm um ano – um ano apenas – para se prepararem e engolir o fato, aceitando a conversão. Sobretudo, a elevação da procura pelo yuan como "reserva", no seu tempo, causará menos demanda por dólares norte-americanos. Quem duvida? Mas isso causará danos à economia americana.

II

QUE PROCEDIMENTOS DEVERÁ ADOTAR O AUDITOR JURÍDICO DIANTE DESSA "NOVIDADE"?

Anos passam, com a total cegueira dos órgãos que têm o dever de zelar pela ascensão da advocacia, discutir e certamente, se o fizerem, deverão ter em vista aberta a ética, a governança e a qualidade/ segurança do exercício profissional.

Em 2010, publiquei no Peru uma coletânea de artigos sobre a auditoria jurídica[2]. E, entre eles, *Auditoría jurídica para negociaciones internacionales.*

Pois bem, se existirem auditores jurídicos (sérios, sem comprometimentos, voltados ao seu cliente e ao seu país), deverão, com muita cautela, discernimento, seriedade, propriedade e acuro, levar aos contratos examinados sua *expertise* que, com o ingresso do yuan, os governos (sobretudo o Brasil, que se acomodou com reservas dolarizadas), verão acontecer uma verdadeira tormenta de quase seis trilhões de dólares (é o que os países conservam) para o mercado.

Isso causará inflação; causará menos compradores de *bonds* do Tio Sam e ele não encontrará quem se arrisque a entrar no cassino e fazer algum *bet*, sem riscos maiores. E, para piorar, o auditor jurídico verificará se o cliente que o contratou e que nele confiou e que lhe vai pagar honorários justos, terá meios de converter seus dólares com o

---

2 *Importancia de la Auditoría Jurídica: Una especialidad en el Derecho Moderno.* Lima: Cultural Cuzco, 2010. 175 p.

necessário preparo técnico para cobrir a operação ou o negócio já concluído.

O auditor jurídico deve preparar-se para conhecer, aprender e, com humildade, avaliar o fato de o yuan ser "moeda de reserva", não esquecendo e nem desprezando que, desde 1949, a China vem alterando, com muito segredo, vários instrumentos legais que lhe possibilitam ser o ator a quem todos respeitam e, em breve, quiçá irão obedecer. Lembrando o velho provérbio americano: "*Who has the money is the boss*" (a China tem em caixa três bilhões e cem mil dólares).

Sugestão: ler e reler "1984" de George Orwell, que pode nos convencer da geometria do impossível que o *avenir* nos trará.

A INCRUENTA BATALHA ENTRE ADVOGADOS E JUÍZES NA ITÁLIA

- Basta serem homens para serem pobres homens.
- A humildade é a realidade vista com um mínimo de bom senso.[1]

Na Itália, como antes já escrevemos, há uma aberta e franca querela entre advogados e juízes no que diz respeito à Justiça Distributiva.

Sobrelevo, de início, que a advocacia não se intimida com os ataques e acusações dos magistrados, que exibem todo um aparato arrogante. Eles, juízes, há tempos, perderam a batalha das ideias, mesmo porque nunca acreditaram nelas. Ancoram-se em privilégios exagerados diante da crise e pouco se lhes dá o que se passa no país e menos ainda com prestação jurisprudencial *"clean"*.

Passaram dos limites, quando o presidente da Associação Nacional dos Magistrados, Piercamillo Davigo, vociferou, no dia 31 de outubro passado, em Bolonha.

Textualmente, o indigitado magistrado se expressou: "A primeira coisa a fazer, para melhorar a justiça na Itália? O número fechado (reduzido, explico) das faculdades de direito. Necessária uma maciça "desparalização" (redução, explico) de detentos, mas é preciso que haja o desincentivo

---

1 FAUSTI, Silvano. *Lettera a Voltaire – Contrappunti sulla libertà*. Milão: Àncora Editrice, 2016. 110 p.

do que faz a máquina judicial não funcionar. Reduzindo o número de processos, se reduziriam também os honorários dos advogados. A política não conseguiu dar razão aos lobistas dos taxistas (no caso Uber, explico), imaginemos os advogados. Um terço dos advogados da União Europeia é de italianos e, hoje, 92% dos formados em direito, em razão de a administração pública não os assumir, o que sucede vinte anos, e também nas empresas privadas, existe menos empregos para "juristas" que se tornem advogados. Os seres humanos agem na base de sua própria conveniência e, na Itália, respeitar a lei não lhes convém (aos advogados, explico). É verdade que no exterior se respeitam mais as regras (de direito, explico) porque as pessoas são mais bem-educadas. Mas, talvez, porque aqui foram educadas à força de tapas".

O presidente do Conselho Nacional Forense ("Ordem dos Advogados", que é parte do Ministério da Justiça), Andrea Mascherin, em 2016, com muito espírito, elegância e ironia voltairiana, respondeu: "As três leis, da relatividade, da transitividade e da desigualdade. Se tudo é relativo, tudo pode ser objeto de avaliação positiva. Assim, as expressões de desprezo pelo desempenho das funções do advogado, que o doutor Davigo continua a dispensar, o seu constante apelo a um Estado fundado na repressão e na pena, nas 'investigações' e nos processos infindáveis podem ser considerados manifestações de grande equilíbrio.

Para a lei tramitava tudo (ironicamente, pela transitoriedade das funções e da própria vida, explico); o doutor

Davigo é pessoa equilibrada (no sentido figurado) que não se abandona às paixões (explico).

Que, portanto, pela lei do diferente (sinônimo de disparatado, dissemelhante, distinto, desigual, estranho, variado, eu explico), seja uma pessoa "diferentemente" equilibrada é outra questão, e é, talvez (este advérbio pode significar incerteza, dúvida como indicar uma certa probabilidade) por isso, seria necessário introduzir um número fechado (de profissionais, explico) (em italiano: "*numero chiuso*", que tem uma variedade de significados. Este é o particípio passado do verbo *chiudere*, que, originalmente, significa fechar, barrar. Pode ser de coisa, de limite, de conclusão, e outros tantos).

No periódico "Il Dubbio" (2/11/2016), o advogado Vincenzo Vitale decidiu enfrentar a dolorosa querela, que empana o livre e o descompromissado exercício da advocacia com os poderosos, escrevendo um artigo que intitulou "Os advogados e o debate em curso com a Associação Nacional de Magistrados", merecendo um genial subtítulo: "Os melhores juízes dentre os magistrados são os advogados. E vice-versa[2]".

Resumo o artigo do distinguido advogado Vitale:

1º) A Associação Nacional dos Magistrados (ANM) assumiu posição crítica ao governo e ao parlamento há tempos – cerca de quatro decênios – sempre com maior intensidade.

2º) A ANM tornou-se o mais forte partido político, em virtude de endêmica crise dos partidos tradicionais.

---

2   Seria possível escrever esse título no Brasil e acrescentar que isso é realidade ou sucede com os que ocupam o 5º Constitucional? Façamos um elenco deles, em cada Estado e em Brasília, depois comentemos.

3º) Descura de atender aos reclamos dos advogados em participar dos debates e discussões para redesenhar as propostas de novas atividades deles, no âmbito social, sobretudo para perseguirem o objetivo "de dar mais eficiência ao sistema judiciário" (sem êxito).

4º) E, "ninguém, melhor e mais que um advogado, está na verdade em posição de julgar a atuação de um magistrado, o seu bom-senso, o seu preparo e (seu espirito, acrescento) equânime".

5º) Apelando para o notável filósofo Giovanni Gentile[3], o autor, após discorrer academicamente, esclarece: "Como os advogados são os melhores juízes dos próprios juízes, assim estes são os daqueles: sucedeu-me uma vez quando me encontrava no exercício da magistratura, um advogado (do qual não direi nada, nem sob tortura), que, por insipiência e por distração, estava arruinando, sem se dar conta, o seu cliente.

"Fiz bem ou mal? Penso ter agido em nome de uma superior instância de justiça que pretende, sem dúvida, o respeito ao princípio das respectivas posições processuais e que me pareceu correr grave perigo de ser violada com as palavras daquele advogado despreparado".

6º) Contundentemente, Vitale atacou as declarações do magistrado Davigo ao dizer publicamente que os advogados fazem *lobby* para defesa da profissão. Ele quis ridicularizá-los, e diz ainda, porque, se *lobby* existe, aliás potente, como constatado, são dos que advogam sem ser advogados (explico: aqui no Brasil os

---

3   Castelvetrano, 30 de maio de 1875 — Florença, 15 de abril de 1944.

escritórios de contabilidade, de gestão e semelhantes, todos multinacionais) e sobretudo, na Itália, laboratórios farmacêuticos.

7º) *Verbis*, pois Vitale é fustigador e dá resposta ao equívoco comportamento do magistrado: "Seja o que for, uma coisa é certa: Davigo fala, move-se, age como secretário de um forte partido político, assim como o fizeram, de resto, no passado os seus predecessores. Hoje a Associação por ele dirigida é o mais forte partido e também, como dizia, o único que restou em cena".

Nada de mal? Não, muito mal pelo simples motivo de que, se os magistrados inclusive cooperam em elaborar normas de leis, as quais depois eles mesmos devem aplicar, está violado o princípio cardeal do Estado de Direito: o da separação dos poderes (explico: veja-se o NCPC).

E este efeito, infelizmente, é perigosíssimo, porque poderia assinalar o início do fim.

Mas Davigo sabe? E se sabe, que diz?

Este recentíssimo artigo (2 de novembro de 2016), ele configura a revolta justa de um advogado, que, não fosse o pensamento coletivo da classe, o presidente Mascherin não teria autorizado sua publicação no *News* nº 320, de 2/11/2016, do Conselho Nacional Forense.

Será que estamos cientes dos custos dos "serviços" forenses no Brasil? Os Ministérios Públicos, que se intitulam os salvadores da pátria, quanto custam? E por que atraem uma corrente apenas? E os Tribunais, quanto consomem do dinheiro de gente que trabalha para os magistrados e os funcionários terem e viverem com regalias?

Concluo: para o bem do nosso Estado de Direito, após 60 anos de exercício profissional, vejo que somente avançaremos se a democracia não tiver mais de três ou quatro partidos; se não houver radical mudança nos "direitos adquiridos" com a abissal diferença de vencimentos dos públicos e privados.

Caminhamos para nos tornarmos colônias de várias potências? *Historia noscet. Nemo dixit. Requiem?*

Possivelmente, com menos de um lustro teremos a resposta; por ora temos "um prelúdio semissério para uma tragédia sem fim".

AGORA, AGORA, SEI UMA DAS CAUSAS DA BANDALHEIRA GENERALIZADA NO PAÍS

Cogitei muito. Li mais ainda. Não dormi por muito tempo. Tive muitas e muitas conversas sobre. Assisti a palestras (pagas). Vi TV (paga e gratuita). Pouco ou quase nada valeu, mas me trouxe um pouco de subsídio para formar juízo sobre a roubalheira generalizada. Ouso: sim, digo com mágoa, receber trinta, quarenta ou cinquenta mil reais por mês, ou ter várias aposentadorias, ou gozar de benefícios excepcionais em cargos públicos ou privados, nada mais é do que caminho curto para uma grande explosão dos excluídos, dos marginalizados, dos recusados, dos ofendidos, dos "equivocados" pela sociedade e quantos outros mais.

Virão tensões, com passos lentos e incontornáveis, nem por repressão, nem por desemprego provocado intencionalmente, porque a natureza humana tem limite e a antropologia contemporânea os aponta. Quem melhor que o Papa Francisco, incansável em ditar advertências ao que se passa e ao que ocorre, desde o meio ambiente à vida privada, com suas consequências sentidas.

O que mais me ofende é o cinismo declarado, maiormente de algumas figuras que hoje deveriam ser paradigmas da reconstrução dos valores perdidos ou servir de farol, para que a sociedade se lembre de que todos nós – queiramos ou não – temos o mesmo início e idêntico fim. Enquanto transeuntes, merecemos respeito de verdade. Agora, visitar o Vietnã, depois da surra histórica, para fazer "acordos comerciais" é um opróbrio – mentira: foi lá o Barack Obama (*made in USA*) só para vender – financiado – um bilhão de dólares em armas. E ainda o fez, com descarada atuação.

O homem político ou o homem de grandes empresas (públicas ou privadas), já passa dos limites da razoabilidade, do desrespeito ao igual, do sentimento de orgulho pela pátria ou de admiração pela empresa, como catalizadora de oportunidades de relevo para a sociedade!

Não é uma anedota, mas precisa acabar ou vai haver revolta com resultados desastrosos, ou incitará grupos terroristas a se aproveitarem das loucuras dos dirigentes que levam à cólera. Precisamos deixar de ser imbecis ainda que certa imprensa minta – para justificar, não, mas esconder; omitir; não comentar; não alertar; não advertir e não criar atmosfera para mudança radical, para o bem comum.

Fala-se de reformas, mas esquecendo ou omitindo ou falseando que não há mais espaço para transigir com os gastos-furtos dos governos ou das empresas privadas de grande importância ou multinacionais.

Basta, por exemplo, comparar os ganhos dos grandes dirigentes suíços com os americanos: vai de, no país helvético, 5 milhões de euros anuais para o salto de 17,7 milhões de euros dos americanos.

Comparativamente, o Reino Unido (com 6,98 milhões de euros), a Alemanha (6,5 milhões de euros), o

Canadá (com 5,1 milhões de euros), como diz a mesma fonte (outras cifras foram coletadas por Willis Towers Watson em *Observador da Ética e dos Administradores*, em *L'Express*, nº 3401, de 7/9/16, p. 59).

Quando apelo, dizendo que é cinismo o famoso princípio "*Pay for Performance*", nada mais afirmo que, mesmo isso sendo levado em conta nos Estados Unidos, não serve para admirar: os benefícios secundários são inúmeros.

A propósito: vergonha estelar a que têm de benefícios os presidentes do Senado e da Câmara dos Deputados neste Brasil, como residência de mais ou menos 1000 metros quadrados, uma dezena de empregadas domésticas, jardineiros, motoristas e outros tantos benefícios que só nos envergonham. E o caso dos magistrados, dos promotores?

Vamos parar um pouco. Dar um tempo. Olhar para frente e para atrás, em todos os quadrantes e, então, lembrar o que escreveu Raphaella Giordano: "Sua segunda vida começa quando você compreender que não tem senão uma".

AS REFORMAS NA CONSTITUIÇÃO ITALIANA

1) Data a Constituição da República Italiana de 22 de dezembro de 1947[1], aprovada por 556 deputados, que representavam 10 grupos parlamentares de todas as tendências e matizes. E um deles, com a sigla U.q., com 32 membros legislativos, se chamava "Frente democrática liberal do homem qualquer"...

Revendo o texto impresso, que me foi oferecido por meu amigo cavalheiro Enrico Colombo em 1969, de quem guardo lembranças imorredouras por seu caráter imaculado e por seu amor incondicional à família e à pátria enternecida, na 3ª edição da obra, ele se inicia com o prefácio de Vittorio Emanuele Orlando[2], um dos maiores mestres do direito peninsular. É difícil aos juristas de minha geração não reverenciar Orlando, com todas as manifestações do seu espírito e da sua alma, mas, como recentemente constatei, ao vivo, entre os universitários agora, de telefone celular e outras bugigangas eletrônicas, nem ele, nem Carnelutti[3], Calamandrei[4], Ascarelli[5] e nem outros tantos

---

1 OSENTINO, F., FALZONE, V., PALERMO, F. *La Costituzione della Repubblica Italiana*. Roma: Casa Editrice Colombo, 1969.
2 Palermo, 19 de maio de 1860 — Roma, 1º de dezembro de 1952.
3 Udine, 15 de maio de 1879 – Milão, 8 de março de 1965.
4 Florença, 21 de abril de 1889 — Florença, 27 de setembro de 1956.
5 Roma, 1903 — 1959.

imorredouros são conhecidos, e nem sequer lembrados em aula[6].

Pois é, Orlando, no Prefácio, dá uma aula escrita de como se interpreta a Constituição, sobretudo a que adveio após a Monarquia, que não relegou a experiência do Estatuto Albertino (1901), donde assegurar que "em meio século se firmaram importantes critérios interpretativos, devido à praxe e ao consuetudinário parlamentar", voltados, na recém-editada obra, à indispensável necessidade de retornar o intérprete aos trabalhos preparatórios. É o que se costumava chamar "fonte do direito".

E, apesar de todas as crises políticas, não poucas, mas dezenas, nem as grandes transformações no quadro sociopoliticoeconômico da Europa, sobretudo com a injunção comunitária, levaram o Estado, consequentemente o Congresso peninsular bicameral a alterar o texto de origem, com 131 artigos. A revisão da Constituição, como ditado no artigo 130, é de iniciativa do governo e das câmaras e, obrigatoriamente, deve ser submetida a *referendum* popular, com algumas exceções, sempre tomando em conta o quórum deliberativo cameral que submeteu o texto ao crivo dos parlamentares votantes.

2) Mudou o quadro político partidário, mas ficou intocável a arquitetura, apesar de tantos anos passados da promulgação constitucional.

3) Mas, contra a corrente, o atual Primeiro Ministro Matteo Renzi, jovem talentoso e político de rara

---

6 Visitei as Faculdades de Direito em Pisa e Cosenza, este ano, em abril de 2016. Os colóquios decepcionaram, porque, lá como cá, a maioria tinha em mente prestar concurso público.

habilidade na sustentação dos princípios do seu partido (Partido Democrático, muito aproximado do socialismo contemporâneo), encabeçou uma reforma *de fond en comble* da Constituição.

O Congresso aprovou a temática, embora encontre resistência em figuras caricatas como o comediante Beppe Grillo[7], seguido do carcomido e patético Silvio Berlusconi[8] (que exige ser chamado de *Cavaliere*, embora as Disposições Finais e Transitórias da Constituição determinem que: "IV (XIV) – não são reconhecidos os títulos nobilitários").

4) Por consequência, se nada acontecer no pegajoso campo político italiano, vão ser levados a *referendum* os seguintes temas:

4.1) Superação do bicamerismo perfeito;

4.2) Prevalente competência legislativa ordinária da Câmara;

4.3) Novidades reformadoras na edição de decreto-lei;

4.4) O retorno a novo exame de um projeto motivado pela lei de conversão dos decretos-leis;

4.5) A eleição do Presidente da República;

4.6) A dissolução da Câmara;

4.7) A supressão do Conselho Nacional de Economia e do Trabalho (CNEL);

4.8) O Juízo Preventivo de legitimidade constitucional da Lei Eleitoral;

4.9) A revisão do Título V da Constituição. O Projeto de Lei Constitucional *in itinere* propõe-se encontrar

---

7   21 de julho de 1948 (67 anos), Gênova.
8   29 de setembro de 1936 (79 anos), Milão.

o equilíbrio entre unidade e indivisibilidade da República, como estabelecido no artigo 5° e a exigência de salvaguardar e promover "ulteriormente" e de maneira bem moderna as autonomias regionais e locais;

4.10) A abolição da vitaliciedade para os ex-parlamentares condenados definitivamente por delitos graves;

4.11) A responsabilidade dos magistrados.

5) Seria objeto de longo ensaio, quão extravagante, superar item por item, embora eu creia que suportar o peso das investidas é tarefa que Renzi só alcançará se conseguir apoio popular. É muito difícil na Itália, porque existe flagrante, secular e odioso antagonismo das regiões do Norte com as do Sul. Ainda valem termos pejorativos, como vejo constantemente na Rai, maculando a honra dos meridionais. É dolorosa e revoltante a diferença econômica e social que resulta na devastação dos recursos naturais efetuadas em sucessivas invasões estrangeiras, mas o altíssimo nível cultural das regiões meridionais supera – inclusive na paisagem edulcorante – e cala os detratores de plantão.

6) O objeto deste escrito é dar uma visão crítica do item final das reformas, que se ateve à responsabilidade dos magistrados.

Atento que, atualmente, na Itália há um confronto acre entre o Executivo e a Magistratura. Quanto aos advogados, sempre não satisfeitos com a prestação jurisdicional, reclamam que o Judiciário ganha muito, trabalha pouco e julga mal. Assim, vi em Nápoles como figura de expressão.

Bom, vamos, *sine ira et sine cura*, enfrentar o tema focado, pontualizando:

6.1) A independência dos magistrados não exclui que eles sejam sujeitos a qualquer forma de responsabilidade no exercício de suas funções.

6.2) Funcionários do Estado – e são – cabe-lhes diretamente ser responsáveis, segundo o artigo 28 da Constituição[9] vigente, sem retoques. Decerto, o magistrado é sujeito à responsabilidade penal como todos os outros cidadãos.

6.3) Sujeito é também à responsabilidade disciplinar, que pode ser ativada pelo Ministro da Justiça e pelo Procurador Geral lotado na Corte da Justiça e pelo Procurador Geral lotado na Corte de Cassação (art. 104 *usque* art. 111), com a necessária intervenção do Conselho Superior de Magistratura, com sede de irrogação das sanções, como dispõe o art. 14, do Decreto Legislativo de 23/2/2006, nº 109, e motivado pela Lei nº 111/2007, para evitar que a independência do magistrado possa ser de qualquer modo condicionada ao Ministro, que é representante do Poder Executivo.

Recorde-se que o supracitado artigo 104 da Constituição, ainda que disponha "a magistratura constitui uma ordem autônoma e independente de qualquer outro poder", ressalta que "o Conselho Superior de Magistratura é presidido pelo Presidente da República". Brilhantes, árduos e profícuos debates ocorreram na elaboração dessa norma, na Constituinte.

---

9 Assim, reza o artigo 28 – "Os funcionários e os dependentes do Estado e dos entes públicos são diretamente responsáveis, segundo as leis penais, civis e administrativas, pelos atos praticados em violação de direitos. Em tais casos, a responsabilidade civil é estendida ao Estado e aos entes públicos".

6.4) É regulada por lei a responsabilidade civil de juízes (Lei de 13 de abril de 1988, nº 117), na qual o art. 2º prevê, à luz de alteração recente, que se a parte que sofreu dano injusto tem a possibilidade de agir contra o Estado para obter o ressarcimento, na hipótese de comportamento, ato ou provimento judiciário causado por magistrado:

a) com dolo ou culpa grave no exercício de suas funções.

Elenca o projeto cinco casos-hipóteses que constituem culpa grave; a saber: violação de lei ou do direito comunitário; alteração de verdade (ou da realidade das fontes ou palavras de alguém, interessado ou não) ou das provas; afirmação de um fato cuja existência é incontrastavelmente excluído dos atos do processo; a negação de um fato cuja existência resulta inequivocamente dos atos do processo; a produção de despacho cautelar pessoal ou fora dos fatos (casos) permitidos pela lei ou sem motivação;

b) por negar a prestação de justiça, ou seja, a recusa, a revisão ou o retardamento do magistrado no cumprimento de atos de ofício quando, transcendido o termo legal para cumprimento do ato, a parte tenha requerido para obter a prestação jurisdicional não cumprida e passaram, sem menção, sem motivo justificado, 30 dias de que tenha sido oposto ou a solicitação no órgão próprio (na Itália, chama-se *cancellaria*).

Quando a revisão ou o retardamento sem justificação concernente à liberdade penal imputada, o prazo (ou termo) é reduzido a 5 dias, improrrogáveis, derivado do recurso (ou a solicitação ou pedido) na instância própria ou coincide com o dia em que se verificou o fato ou decorre o prazo que torne compatível a permanência da medida restritiva da liberdade pessoal.

Abrindo necessários parênteses: se a Constituição proclama, no artigo 1º, que "A Itália é uma República democrática, fundada no trabalho"; se, no artigo 4º, "a República reconhece a todos os cidadãos o direito ao trabalho e promove as condições que efetivam esse direito", sobretudo aos magistrados, porque é-lhes atribuído que "a justiça é administrada em nome do povo. Os juízes são sujeitos somente à lei" (art. 101); os magistrados não podem se escusar ou encontrar imaginários obstáculos para não obedecer à lei e, por consequência, os prazos, porque eles devem trabalhar. Agora, têm acontecido casos em que há magistrados que deixam de cumprir com suas obrigações, dentro do que prescreve a lei – como constatei; é um problema que se tem discutido à larga e, agora, tenta-se passar projeto de lei em exame para dar um fim à demora.

Por fim, a responsabilidade do magistrado, em qualquer caso, é indireta: dentro de 2 anos do caso ocorrido, o Estado promove e toma as providências contra o juiz por um valor que corresponde à metade do pagamento, ao valor líquido da *trattenuta* (ou seja, "a parte deduzida de uma quantia de dinheiro em pagamento e não destinada ao judiciário", segundo o *Dicionário Italiano*). Leve-se em conta que o valor da condenação é deduzido *ex-officio* dos vencimentos que lhe são pagos.

De qualquer maneira, a responsabilidade do magistrado sempre é indireta, de fato, dentro de 2 anos do caso ocorrido, e o Estado atua contra o juiz, buscando uma cifra igual à metade do que recebe anualmente, líquido, contando-se do tempo que ação judicial é proposta para o ressarcimento.

Em qualquer caso, a garantia de independência funcional do magistrado não exclui ou releva a atividade de interpretação das normas de direito, na qual a avaliação do fato e das provas são parte do mérito exclusivo de sua atividade, dentro da lei (e de prazos).

7) Para concluir, como os magistrados detêm, na Itália, grande poder político, entende-se que se oponham e se recusem a aceitar as transformações que os obrigarão a trabalhar como servidores do Estado, sem nenhum benefício extra, além dos inúmeros que possuem quem, com mérito, recebe por trabalho ou, sem mérito, por quem recebe sem a contraprestação devida[10].

---

10 Essa parte do trabalho foi calcada no *Appendice* de atualização das Edizioni Giuridiche Simone, de junho de 2015, aos volumes 11/2, IP2, 225 e 226.

UM CASO HISTÓRICO SOBRE A ARBITRAGEM: QUESTÃO MISSÕES

Tendo em conta que o Ministro Luís Felipe Salomão, que presidiu a comissão de ajustes encarregada de elaborar o projeto da lei de mediação e da atualização da lei de arbitragem, considerou as decisões extrajudiciais, meios e veículos que representam o avanço do processo civilizatório da humanidade, cabia-me refletir um pouco mais sobre esses meios que a contemporaneidade vem adotando para compor interesses e prevenir litígios seculares.

O controvertido economista francês Philippe Simonnot, com um livro que foi sucesso literário nos anos oitenta[1], mostrou-se mais cínico do que poderíamos pensar, sobretudo quando em um longo capítulo abordou o que é o direito e o que é a justiça. Essa obra, construída em forma de diálogo, chega ao ponto de afirmar que a arbitragem prospera "quando o Estado é fraco" e, dentro de uma dialética bastante controversa, mostrou que no século XIX a arbitragem estava em desuso. Então foi levada à Corte de Cassação Francesa, que a proibiu na inclusão dos contratos da chamada Cláusula Compromissória.

Pois é, Simonnot redigiu o livro e o colocou à venda um ano antes da queda do Muro de Berlim. Muita coisa mudou, acentuando-se a problemática do fundamento

---

1 SIMONNOT, Philippe. *39 leçons d'économie contemporaine*. Paris: Gallimard, 1998.

epistemológico da filosofia na sociedade aberta e, diante disso, a confusão entre liberdade libertária, liberdade liberal e liberdade liberante, como já haviam cogitado Hayek, Cotta e Vallauri[2].

Mas a História brasileira revela a grandeza de uma decisão de arbitragem que ficou marcante pela integridade dos atores brasileiros e argentinos: a solução de conhecida Questão das Missões.

Antes de ingressarmos no fato histórico, uma nota importante sobre a reforma da lei de arbitragem: com o novo estatuto a arbitragem também poderá se aplicar à administração pública direta e indireta para diminuir conflitos patrimoniais, sem mencionar Estados, é surpreendente.

Ressalta-se, entretanto, que, já no século XIX, entre Estados, esse meio de solução pacífica de conflitos era empregado com sucesso. E isso se deu para a pacificação da pendência sobre o território das Missões entre Brasil e Argentina.

Lamentavelmente o tema, que vinha sendo cuidado de forma elegante e amistosa entre os dois países, sofreu um hiato por causa da proclamação da República do Brasil em 1889. Em seguida, o Congresso vetou o que fora ajustado e remeteu a delicada questão limítrofe que separava o território das Missões do território nacional à arbitragem, após negar seus efeitos e o resultado que foi favorável ao nosso país.

Coube ao Presidente dos Estados Unidos, Grover Cleveland (1837–1908), pronunciar o seu veredito em

---

2   RICOSSA, Sergio; ROBILANT, Enrico di. *Libertà, giustizia e persona nella società tecnologica*. Milão: Dott. A. Giuffrè, 1985.

favor do Brasil, após ter sido obrigado, para fundamentar a decisão, a exigir a elaboração de laudos periciais, cujo custo não nos foi possível encontrar em nenhum documento levado a público ou arquivado.

O Congresso Nacional, mais uma vez, dentro do primeiro decênio republicano, agiu contra os interesses do país. Não foi por menos que, nesse lapso de tempo, já os marechais Deodoro da Fonseca e Floriano Peixoto o dissolveram, manifestando à nação, de forma contundente, a malévola e nociva conduta dos parlamentares.

Encerrando, cabe-me trazer aos fiéis leitores do *MercadoComum*, o fato histórico que agregou ao Brasil uma área geográfica de importância transcendental para o nosso país. Merece um aprofundado estudo histórico, por quem tem o mister dessa tarefa.

O CUSTO SOCIAL E HUMANO DA OBESIDADE: OUTRA VEZ VOLTO AO TEMA[1]...

Cumpre ao advogado militante e participante no bem-estar da sociedade em que vive alertar, quanto possível, as inertes atividades sobre custos sociais da obesidade. E, com tranquilidade, vivemos fazendo isso há anos.

Bom, a revista britânica *The Lancet*, cumprindo sua missão jornalística de verdade (sem farsa), neste março (2016), apontou que, em geral, o Planeta, a partir de 1975 até hoje, – quando se iniciaram pesquisas sérias – mudou o seu número de tamanho de roupa: com a média de seis quilos a mais, por individuo, as moléstias crônicas se sucederam e os serviços públicos, honestos ou não, continuam pagando o aumento das despesas com o acréscimo das doenças causadas pela obesidade. Basta dizer que o acréscimo foi significativo: de 150 passaram a 600 milhões de pessoas, que consomem (alimentam-se?) comidas inadequadas, bebidas muito calóricas e com excesso de açúcar!

Infelizmente, as mulheres superaram os homens, pois, enquanto estes, triplicando, passaram de 3,2% a 10,08%, e elas – para gáudio dos *experts* – partiram de 6,4% para

---

1 A propósito, escrevi em *MercadoComum*, com o título "Comer, engordar, é só engolir *fast food*", em 2002, nº 158, ano X, p. 26.

14,9% (falamos do índice de massa corpórea, eles de 21,7 a 24,2 e elas de 22,1 a 24,4). Em síntese: os números assustadores mostram que os índices aplicados seriam equivalentes, *grosso modo*, a cada pessoa ter aumentado de 1,5 quilo, em cada dez anos.

Se a fome do mundo, malgrado a vergonha disseminada, teria sido aliviada, mesmo assim o escândalo supera o bom-senso e a inteligência dos benfeitores da causa, porque, na China "capitalista", ela superou a marca histórica dos Estados Unidos, na classificação dos obesos e dos superobesos, agora no patamar de 150 milhões. Quem se manteve com números não indecorosos foram os países anglo-saxônicos.

Tendo em conta que a pesquisa, pela seriedade, merece louvor, partindo do índice de massa corpórea (equação do cálculo do peso em quilos dividido pela altura, com a sua interpretação sendo o peso acima de 19 a 24,9, em relação ao anormal de 25 a 29,9) são obesos os que vão além de 30 e obesos exagerados de 35 em diante.

Partindo desses dados, entre 1975 a 2014, a China, os Estados Unidos e a Índia lideram os manequins femininos de obesos e obesos exagerados, nesta ordem: Estados Unidos, China, Rússia e Brasil.

Quanto aos homens, os obesos, em 2014, são a China, os Estados Unidos e o Brasil; os superobesos, Estados Unidos, China, México, Rússia e Brasil.

Sobreviver à abundancia é tema de novela, bem-criada e bem montada. Por isso, os novos legisladores – que nas figuras de Eduardo Cunha e Renan Calheiros são dois personagens de Magritte –, poderiam mirar os números crescentes, as causas dessa absurda elevação, o custo para a saúde pública, as doenças que sofrem os estigmatizados e, quando aprenderem a ter vergonha, a serem gente digna, patriota e se voltarem para o país, sobretudo ao seu negro futuro, da queda da escala ao abismo da pobreza. Está camuflada, bem escondida e bem amparada pela cobertura (quiçá mais do que isso) da imprensa silente e complacente e conivente, e do legislativo catapultado por sua incompetência e falta de interesse, e pelo executivo (que paga a conta), porque se derrete na mediocridade e na inércia dos cavaleiros vencidos na batalha de troca do WhatsApp.

PORQUE O BREXIT INCITA AO ESTUDO DO DIREITO COMPARADO?

1) Todas as mentes bem formadas, assim como todos os que comungam de idoneidade intelectual, sentiram que, através de manipulações na imprensa, articuladas e pagas pela extrema direita inglesa, mentiram e poderão levar as instituições britânicas – politicas, financeiras, constitucionais e sociais – ao caos.

Deixa-nos perplexos o comportamento pós-referendo das lideranças do Brexit, que, ouvidas após o evento, negaram as promessas, os dados que se buscaram durante a campanha, como abordaram pretensões políticas, nada mais.

Consequência imediata foi que multidões saíram às ruas de Londres e, uníssonas, clamaram por outro referendo. Há fundadas razões e fundamentos políticos e jurídicos para se estudar a ideia de fraude grosseira que sustentou essa manobra digna das mais ilícitas manobras tradicionais que a Velha Albion aplicou, durante séculos. E a servir de emblema, as velhacarias de Henrique VIII, como narram os historiadores da época, não vinculados aos interesses e ideias desse monarca.

2) Juridicamente, mas sustentadas em fatos e fundamentos seguros e coerentes, altas personalidades da inteligência inglesa, que vieram a público para levar em consideração a petição assinada por mais de três milhões de

cidadãos votantes, pleitearam a realização de um segundo referendo. E este não ocorrerá, apesar de tudo.

Destaco a reprodução que *The Guardian* (27/6/2016) deu a público de cartas que lhe foram endereçadas. A parlamentar Catherine West, trabalhista, apoiou o movimento, deixando destacado que: "... só podemos conseguir mais em conjunto do que sós e que UK é mais forte, mais próspero e mais pacifico como membro da Comunidade Europeia". Preocupada, emendou: "Ficou mais horrível e mais claro que a campanha que apoiou a saída não tem nenhum plano para o que poderá acontecer agora".

3) Embora leitores se tenham expressado, pois a decisão sobre o Brexit representa a maioria e "isso é democracia" (Martin Gravilhe, de Perth, Austrália), todavia o professor de Política Social da Universidade de Oxford, Robert Walker, incitou os parlamentares que deverão tomar decisões após o Brexit a que o façam com atenção ao melhor para seus eleitores, para o país e para a humanidade. Que os parlamentares, conscientemente, escutem os que protestaram e o continuam fazendo, para que se proceda à saída da Comunidade Europeia com cautela, porque, depois de tantos anos, parece irracional o abandono mediante um só referendo, uma vez que "se os congressistas entenderem ser possível o primeiro referendo, então é possível um segundo, para configurar os possíveis contornos da saída".

4) Também da Universidade de Oxford, o professor Benito Müller, que trabalha no Instituto de Mudança Climática, dramaticamente propõe: "Além do mais, com milhões de eleitores pedindo que o parlamento abra o debate

para um segundo referendo, há claramente uma demanda democrática significativa para que o parlamento se envolva.

A melhor maneira de prosseguir nesse momento extremamente delicado é, portanto, que o parlamento vote que o Reino Unido permaneça na União Europeia, o que deve pesar tanto quanto o referendo na decisão do governo de exercer sua prerrogativa real".[1]

5) Claramente, alguns eleitores reclamam que, doravante, após o resultado, o referendo não representou os partidos e o governo, nos debates que ocorreram, nem foi uma eleição, e que cabe aos parlamentares: "Decisões sobre como proceder, dado o resultado da votação, serão tomadas por parlamentares, dos quais a maioria tem como opção a permanência" (Peter Chapman); e alguns escoceses, por exemplo, Michael Cuthbert surpreendem: "Não está tudo acabado. Uma campanha pode manter-nos na União Europeia por meio de eleições gerais que podem legitimamente impor um manifesto aos eleitores. 73,5% dos membros do parlamento de todos os partidos (incluindo Tories) apoiavam a permanência. Eles ainda são maioria parlamentar".[2]

6) O professor emérito Harvard Williams levou a questão à rainha, única capaz de enfrenta a dramática situação do país pela insólita decisão do Brexit. E, clamando e até implorando, escreve: "Mesmo parecendo ironia, a resposta é óbvia. O reino está dividido e em grande risco. Ironicamente é agora que a rainha pode orientar seu

---

1 Disponível em inglês em <http://www.theguardian.com/politics/2016/jun/27/the-roles-of-parliament-and-the-people-after-the-referendum>
2 Idem.

reino usando sua prerrogativa de dissolver o parlamento e, desse modo, organizando eleições gerais em outubro. Cada partido pode brigar enquanto escolhem seus novos líderes e finalmente nós saberíamos que o futuro governo teria um mandato genuíno. Ela pode ainda assegurar um reino unido, nosso futuro lugar no mundo e renovar as fundações da monarquia por mais um século! Deus salve a Rainha!"[3]

7) Então, a que conduz esta explicação – mais do que rodada na imprensa de forma imprecisa, incompleta e manipulada – para sugerir a necessidade do estudo do Direito Comparado?

7.1) Efetivada e confirmada a saída do UK da Comunidade Europeia, existe forte possibilidade de haver aumento (até agora progressiva redução) das diferenças entre os sistemas do civil com o *common law* e isto, por consequência, reduz e estreita a integração deles, que avança para tal fim;

7.2) O Reino Unido representa significativa participação no comércio mundial, na indústria financeira e na representatividade tradicional da participação democrática estável.

8) A ideia e o movimento que geram a noção de direito comparado não tem mais de dois séculos, influenciada pelo positivismo jurídico, quando ocorreu o rompimento dos grandes sistemas jurídicos consolidados na Idade Moderna, quando foram constatados e consolidados múltiplos ordenamentos nacionais, cada um representando

---

3   Idem.

uma soberania (diria territorial e autônoma) com autossuficiência (dentro dos limites territoriais).

9) Poder-se-ia objetar que esta defesa do estudo do direito comparado esbarraria no processo de unificação jurídica em processo progressivo (UNIDROIT, como exemplo). Mas, se atentarmos ao que é conveniente, até didaticamente, fazer macrocomparação com a microcomparação abriria o campo especulativo, porque:

9.1) há estudo da macrocomparação quando o exame é realizado mediante confronto entre ordenamentos considerados na sua integridade, representando *soi disant* um desenho de famílias homogêneas, que se fracionam, seguindo a pesquisa que se esboça e abarca o interesse: direito público comparado, direito privado comparado, direito constitucional comparado etc.

9.2) dá-se a micro comparação quando a análise se baseia no confronto entre determinados institutos (v.g., a família) como estejam ou são disciplinados nos diversos ordenamentos em exame.

10) O rígido sistema do *common law* inglês foi a geratriz de ordenamentos derivados como o escocês, o australiano, o neozelandês, o canadense, e até alguns mistos.

11) Diante da saída do UK da Comunidade Europeia, o que funcionava adequadamente, como o Código de Conduta dos Advogados[4], passa a ter nova interpretação, apreciação e julgamento, sendo de relevância para os causídicos.

---

4   Jayme Vita Roso. *Apontamentos aos Códigos Deontológicos do Advogado Europeu e Italiano – Breves informações sobre o dodecálogo jurídico de Santo Afonso Maria di Liguori*. São Paulo: Editora Migalhas, 2015. 157 p.

É uma hipótese que me ocorre neste momento, deixando o exame das contingências do mundo negocial para outros, quiçá mais habilitados.

P.S. Pesquisa curricular apontou unicamente a Faculdade de Direito da USP (Ribeirão Preto, SP)[5] como a solitária no estudo do direito comparado. E ela ministra apenas um insuficiente currículo, não noticiando a sua extensão.

---

5 Intitulada *Introdução ao Direito Comparado*. Consultada em 20/7/2016 diretamente <http://www.direitorp.usp.br/>.

PROFUNDAS REFORMAS POLÍTICAS ITALIANAS

1) O governo do jovem Primeiro-Ministro Matteo Renzi decidiu mudar, de forma democrática, mas eficiente, o seu quadro institucional. O Parlamento tem debatido democraticamente a questão, como é peculiar ao regime parlamentarista, isso porque não tem sido as Câmaras Legislativas que dão avanço, e elas são as efetivas representantes do rompimento legislativo, mas cuida-se do governo que impõe as suas leis, sempre dando às suas propostas o caráter de resistência; dessa maneira não há um confronto dialógico. Isso tem gerado quase sempre, se colocado em votação, a chamada "questão de confiança", quando todo o gabinete pode criar, como ocorreu num passado não muito remoto e por também termos uma "ditadura da maioria" depois que o decreto-lei oriundo do Executivo é discutido e negociado nas comissões.

Dessa forma, encontramos sempre um governo atuando de forma que se pode dizer em estado de tensão.

2) Entrando no mérito da discussão, recentemente a decisão da Corte Profissional, que declarou a inconstitucionalidade da Lei 270/2005, levou o Parlamento a aprovar a Lei 52/2015, que prevê um novo sistema eleitoral para a Câmara.

Essa nova estruturação adveio do acordo entre os dois maiores partidos: PD e Força Itália, mas já de pronto estabelece que o território italiano, em razão da apresentação de lista de candidatos, foi dividido em 20 cortes eleitorais que correspondem às Regiões (equivalentes aos nossos estados), também não podem ser listados os candidatos, alternando ao máximo o sexo destes.

A nova sistemática mudou bastante, mas já começou com a maior facilidade de uma política governamental a ser feita de modo transparente, e não tem nenhum prêmio à "maioria", ainda que se mantenha a "ditadura da maioria".

2.1) É muito propício que seja examinado que a reforma vai ao fundo, pois pretende superar o sistema bicameral perfeito, uma vez que enquanto os deputados são eleitos pelo sufrágio universal direto, aos senadores foi cometido o que se tem chamado de "eleição de segundo grau", atribuindo aos Conselhos Regionais a competência para eleger os senadores entre seus próprios membros, entre eles os prefeitos (conhecidos como *sindaci*).

Isso tudo deve ocorrer até o dia 1º de junho deste ano por força da determinação judicial número 1/2014 que resultaria em dois sistemas eleitorais diferentes, sendo um duplo turno para deputados e o sistema proporcional duplo para o senado.

3) O fato de ter a Corte Condicional, pela decisão 1/2014, declarado ilegítima a lei 270/2005, determinou a superação do bicameralismo perfeito.

O que é de ressaltar, chamando muita atenção, é que a primeira vez, desde que entrou em vigor a Corte italiana em 1/1/1948, que seus textos sofrem uma verdadeira e profunda revolução. Aliás, também é de ressaltar que o poder judiciário interveio profundamente nesse episódio e que poderá se concretizar no fato que modifica a noção histórica da importância do senado desde a época da Roma Antiga, sobretudo porque o senado, que hoje tem 315 parlamentares, será reduzido a 100, e a forma de eleição direta não mais irá prevalecer, pois os senadores serão eleitos pelos Conselhos, mediante sistema proporcional e na medida de um por um pelos prefeitos das comunidades dos respectivos territórios. A decisão da Corte abjugou o art. 58 da Carta Maior, de sorte que para se ser eleito senador não é necessário ter 40 anos e também 25 anos para votar.

4) As perspectivas da reforma passam a ser as seguintes:

4.1) A prevalência da competência ordenaria da Câmara, sendo que em razão deste fato passam a existir leis bicamerais, leis monocamerais e leis dodecamerais reforçadas. Desse modo a Câmara recupera seu papel principal no exercício da função legislativa, uma vez que o encolhimento do senado facilita o processo.

4.2) Também passa a ser novidade a edição no que se refere aos decretos-leis, que assumirá forma mais equitativa e de maior responsabilidade da explicitação do exercício dos poderes. Esse projeto reduz drasticamente a autorização dos decretos de urgência hoje previstos na legislação ordinária, Lei 400/1988, que equivalem às medidas provisórias brasileiras.

4.3) A remessa com fundamentação motivada das leis de conversão dos decretos-leis. Essa proposta determina que fique estabelecido o prazo de 30 dias, ao invés de 60, para sua conversão, como hoje previsto no art. 77 da Constituição. Mas ainda inova, se a lei é outra vez aprovada deve ser de imediato promulgada, sem remessa para a Câmara novamente examiná-la. Também o Presidente da República não pode mais mandar de volta ao Senado para que se aprecie uma reforma parcial.

4.4) A eleição do Presidente da República atualmente é feita pela reunião das duas Câmaras, incluindo representantes das Regiões. A modificação do quórum também foi alterada.

4.5) A modificação do sistema bicameral já aprovada em 10/3/2015 confere ao Presidente da República o poder de dissolver unicamente a Câmara dos Deputados. Por que? Porque ela é a expressão direta da vontade política do cidadão, diferente do Senado, que passou a ser representado apenas por organizações territoriais. A guisa de esclarecimento, se for necessária também a dissolução do Senado, deverão ser obrigatórias imediatas eleições nacionais e territoriais, pois são despidas de sentido tendo em conta o papel hoje desempenhado pelo Senado.

4.6) A supressão do CNEL (*Consiglio Nazionale dell'Economia e del Lavoro*) de importância constitucional, mas sempre considerado inútil. Os legisladores levaram em conta a marginalidade de sua operação no âmbito do ordenamento italiano, muito condicionado ao que o governo pretende, uma vez que tem sido desde sua criação um mero órgão de submissão ao Presidente do Conselho.

4.7) O juízo preventivo da legitimidade condicional da lei eleitoral é objeto de revisão condicional também em exame no parlamento, a fim de evitar que uma lei eleitoral possa ser declarada inconstitucional por meio da consulta sucessiva às eleições, criando um problema jurídico, tanto que essa nova definição propicia a edição de leis que dispensam a eleição dos membros da Câmara dos Deputados e do Senado da República. É bom que se frise que a Corte Constitucional deve pronunciar-se em matéria eleitoral em 30 dias e, entretanto, a promulgação da lei está suspensa; sendo que, em caso de ilegitimidade constitucional, ela não poderá ser promulgada; assim é no art. 134 da Constituição e esse mecanismo já se aplica às leis eleitorais promulgadas na legislatura em curso na data da entrada em vigor constitucional.

4.8) O projeto de Lei Constitucional em discussão revisa o art. 5 da Constituição em busca do equilíbrio entre unidade e visibilidade da República, e a exigência de salvaguardar na parte mais moderna e ampla a autonomia das Regiões e das prefeituras. Em suma, pretende-se alterar o art. 117 da Constituição e estabelecer uma partição legislativa dos Estados e das Regiões, de sorte a superar a fragmentação da competência entre Estado e Região que vem levando muitas questões ao exame desnecessário da Corte Constitucional.

5) Em definitivo os italianos decidiram abolir o cargo vitalício para os ex-parlamentares condenados, com julgamento por crimes graves em trâmite. Isso mesmo com o cálculo do que recebiam e também a suspensão de seus direitos.

Não é possível, doravante, nem ao Presidente da República acumular recebimentos a título de *"stipendio e pensioni erogate da pubbliche amministrazioni"*. Essas restrições são aplicadas sobretudo ao Presidente da República, tendo em conta que deverá haver uma prova do exercício de honestidade cívica.

6) Finalmente, ingressamos num campo fértil e perigoso de minas terrestres: a responsabilidade dos magistrados. A independência não exclui que sejam sujeitos a qualquer forma de responsabilidade no exercício de suas funções.

Por serem funcionários do Estado eles são diretamente responsáveis, segundo o art. 28 da Constituição, e são sujeitos às leis penais, civis e administrativas por atos cometidos com violação de direitos. O magistrado é sujeito à responsabilidade penal, bem como todos os cidadãos, e também é sujeito à responsabilidade disciplinar; terá o seu processo bem determinado por normas que evitem a escapatória quando cometem atos que exigem punição.

Por fim, a responsabilidade civil dos juízes é regulada pela Lei 117, de 13/4/1988, a qual prevê no art. 2, por força da modificação operada pela Lei 18, de 17/2/2015, a possibilidade de que quem sofreu um dano injusto possa agir contra o Estado para obter o ressarcimento, em caso de comportamento antes da decisão do magistrado que agir com dolo ou culpa no exercício de suas funções, e também negar justiça (ou seja, recusa, omissão, retardamento do magistrado no cumprimento do oficio, quando, passado o prazo legal e lhes são levados adiante sem motivo decorridos 30 dias após o requerimento da parte).

A responsabilidade do magistrado é, em qualquer caso, indireta, mas em qualquer caso vigora a garantia da sua independência, não importando a atividade a exercerr, as normas do direito, nem mesmo a avaliação do fato e das provas que são partes integrantes do mérito exclusivo da sua atividade.

QUANDO ADVOGADOS E JUÍZES SE ENTENDERAM E FIRMARAM UM PROTOCOLO DE INTENÇÃO

Após anos de desencontros e debates acirrados, associações italianas de advogados (Conselho Nacional Forense) e de magistrados (Conselho Superior da Magistratura) concordaram em que deveriam se entender e deveriam manifestar os seus entendimentos e acordos, sem mais delongas, às claras e compromissando-se. E isso ocorreu solenemente em 13 de julho deste ano, na cidade de Roma, com os aplausos das duas Instituições, após se convencerem de que podem ser amigas, sobretudo amigas da eficiente e boa distribuição da justiça, ainda que, "combatendo batalhas diversas, possam obstaculizá-las". (Do *Editrice* do CNF, intitulado "Se o advogado e o juiz um belo dia...")[1]

Que essas Instituições têm em comum com as outras judiciárias?

A exclusiva busca da verdade. Não lhes deve interessar o que pensam os jornais, a mídia em geral e seus vários canais. Devem aceitar que a guerra entre as classes acabou. Por trama do Ministério Público, que também tem outras finalidades, além de caçar políticos, aconteceram muitos embates e desacordos.

---

1 Disponível em <ildubbio.news/stories/editoriali/28444_se_lavvocato_e_il_giudice_un_bel_giorno/>

Quais os princípios que lhes são comuns? Como se solidificam e se consolidam esses princípios? *Tout court*, somente há entendimento quando existem forças comprometidas com seus fins, conscientes e que se autoafirmem, sem hipocrisia, e materializem princípios comuns. Quais as finalidades desses princípios?

Aceitação, como disseram as duas entidades que subscreveram e mostraram firmeza na redação, tendo como propósito "a defesa do estado de direito, portanto, da legalidade, e, em consequência, da plena, isenta e correta jurisdição. E nesta ordem: de importância e de lógica".[2]

Com muita coragem as Instituições enfrentaram a deformação que a imprensa (jornais e tevês), degradando o *modus* de cada atuação profissional, produz um sentimento coletivo adverso. Os termos são contundentes, pois, na Itália, a "cultura da emergência", ou seja, "a ideia de que o modo justo de governar (e de conviver) é a de adaptar as leis e os princípios à situação do momento". Isso induz, como aqui e agora está manifesto em termos tupiniquins, que, a todo custo, seja a menoridade penal reduzida a 16 anos, e a brusca limitação da velocidade dos veículos nas cidades, diante da catástrofe dos engarrafamentos.

Por fim, lá como cá, magistratura e advocacia concordam em que, embora a imprensa manipule a opinião pública contra alguns políticos – generalizando –, a união firme delas é sustentar o estado de direito, a qualquer custo.

---

2   Idem.

O fim é fazer justiça, bem-feita, adequada, sem ingerência política ou pressão de qualquer segmento da sociedade.

Todos os encômios e louvores ao Protocolo de Intenção, que contém sete (7) artigos, bem explicativos, mas diplomáticos, com validade de três (3) anos para procurar dar nova feição à verdadeira cidadania.

QUE PRETENDE A ECONOMIA POSITIVA, SEGUNDO JACQUES ATTALI E SEUS AMIGOS

É um privilégio para quem esteja fora do circuito do mercado, mas dele não se distancia por probidade intelectual, acompanhar o trajeto que Jacques Attali está percorrendo, em favor de uma "economia positiva". Ele é um incansável batalhador para que a economia saia de configurações algorítmicas e passe a ser arauto de uma era que mostra a urgência de mensurar outra coisa que não seja somente a riqueza ou nível de produção, "para se dar uma oportunidade de responder aos desafios que assaltam o mundo. Pausar a longo termo, passar todas as decisões dos grandes atos públicos ou privados no prisma das gerações futuras, trabalhar para a melhoria de qualidade de vida, do trabalho ou para a felicidade coletiva, tantas preocupações que não nos deixam mais sorrir. É o correto, não fôssemos ainda dos trabalhos práticos, mas a dinâmica começa a tomar corpo na economia real" (J-P. GO, *Le Monde*, 14/9/16, sobre o Fórum da Economia Positiva, p. 8).

Bom, não é mais o sonho daquele estudante, recém-formado em 1973 (Jacques Attali) que então escreveu *"L'anti-écononomique"*. Mas, após uma carreira brilhantíssima e ter ocupado postos relevantes na administração da França, o judeu reconhecido por sua atuação em prol da comunidade, além de poliédrico autor de distintos títulos, ele não se esgota de ver um mundo melhor, sem desigualdades sociais violentas, que se reproduzem com uma velocidade vertiginosa.

Fixemos: a razão de ser da Economia Positiva é sobrepujar a miséria transcendente e amarga, sobretudo porque ela cresce em espiral com as migrações maciças para a Europa. Em particular, mostraram a debilidade dos países da OCDE (Organização para a Cooperação e Desenvolvimento Econômico), enquanto a Europa do Norte segue avançando, apesar dos percalços.

No Fórum da Economia Positiva, fundado por Attali, que teve a presença de personagens míticas do mundo contemporâneo e ocorreu entre 13 e 17 de setembro de 2016, na cidade portuária de Havre (França), compareceu Julian Olsm (defensora de jovens americanos de 8 a 19 anos que processam o governo do país e diversas agências, em razão de que eles, em complô, sem distinção, sem máscara, aprovam o desregramento climático, violando seus direitos de viver); enquanto o polêmico Salman Rushdie abordou o verdadeiro obscurantismo que assola o mundo; até o figurinista Christian Lacroix, que depois de 10 anos voltou às passarelas com uma coleção realizada com tecidos criados por uma empresa de inserção social e desenhada por alunos de uma escola primária do mesmo local do Fórum e, ainda, dois Prêmios Nobel de Economia: Joseph Stiglitz e Angus Deanton.

Bem, a que serviu o Fórum, que teve inclusive momento de pausa para meditar, com Coco Brac, em plena consciência?

O eclético encontro aprofundou o tema "crise contemporânea", mas atomizou-se no ponto nodal: o bem-estar das gerações futuras (tema favorito de Stiglitz).

Parece ridículo, mas a temática, que misturou dados estatísticos com opiniões cientificas, mas sempre subjetivas, mostrou-se decepcionante com a falta de transparência generalizada na França, desde as empresas governamentais, passando e repousando nas privadas (subjugadas pelo mercado financeiro) e, mesmo surpreendendo, a população em geral. A meu ver – isso não foi abordado – o encantamento mórbido, que se entende como ficta transparência, advém do uso maléfico da mídia em "*gossips*" em que a dignidade humana é vilipendiada, é ignorada.

Os debates continuarão com a lealdade que Attali propõe, mas tudo está definido numa proposição que me parece axiomática: sem investimento público maciço as gerações futuras estarão fadadas à miserabilidade total.

Com a mesma franqueza que o dignifica, Attali sintetizou no Fórum que, não havendo diálogo social, encontraremos duas realidades para mudanças essenciais e ideológicas, no bom sentido do termo, sobretudo a exigência de os comportamentos coletivos se alterarem, tendo em conta que o bem deve ser o motor; que deve haver mudanças culturais e sociais em companhia de mudanças comportamentais.

Ainda Attali propôs o que, aos tupiniquins, mostra-se óbvio, mas não é sem investimentos públicos, colocados em sérias, autênticas, verdadeiras e honestas reformas institucionais, será impossível que elas conduzam aos investimentos necessários (a construção de Brasília em contraste com estádio, no meio do nada), e isso só será conseguido se houver decisões mais racionais, resultantes de novas deliberações.

Por fim, uma utopia nacional: todos deverão estar engajados no bem comum, com igual espírito que têm no carnaval burlesco, mas na vida, mesmo no futuro, nunca para a própria ascensão social, como o bem-estar dos mais carentes[1].

---

1 Sobre Jacques Attali: ROSO, Jayme Vita. *Carrefour para Intelectuais Franceses Contemporâneos: Antologia*. Recife: Edições Bagaço, 2011. p. 185 - 223

A DIGNIDADE DA PESSOA CONSOLIDA E IMPLEMENTA A DEMOCRACIA SEM PARTIDO

"Siempre hay algo que no podemos contar al outro".

– Javier Daulte[1]

1. Da imorredoura pena de Albert Camus[2], "sejam realistas: peçam o impossível", o notável jurista italiano Stefano Rodotà[3], sem retoques, escreve: "Esta advertência que Camus atribui a Calígula[4] deveria representar um constante critério de referência para todos os que pensam e agem politicamente – e comumente identificam a política com mudança. O risco concreto, diversamente, é aquele de uma espécie de tirania de os fatos aceitar, sem nenhuma avaliação crítica, como a única medida e regra do possível, bem possam transformar-se em uma armadilha ou em uma prisão. Uma questão de evidente relevo cultural e que, se transferida para o terreno político, pode abrir a estrada em direção a uma finalidade substancialmente conservadora" e, concluindo, "uma existência que, como

---

1   Javier Daulte (1963), reconhecido dramaturgo, diretor teatral e roteirista. Publicou, recentemente, *El circuito escalera*, Edição Alfaguara, 2016, Buenos Aires.

2   Albert Camus (1913-1960), Prêmio Nobel de Literatura em 1957.

3   Stefano Rodotà (1933), jurista, político e acadêmico italiano.

4   Caio Júlio César Augusto Germânico foi imperador romano de 16 de março de 37 até o seu assassinato, em 24 de janeiro de 41. Foi o terceiro imperador romano e membro da dinastia júlio-claudiana, instituída por Augusto. Ficou conhecido pela sua natureza extravagante e cruel.

já sublinhava a Constituição alemã de 1919, não pode ser identificada com a simples sobrevivência, nem deve concretamente manifestar-se como existência "digna do homem". Uma novidade não somente linguística. Uma impregnativa referência, ou seja, a dignidade – aparece hoje na abertura da Carta dos Direitos Fundamentais da União Europeia[5], afiançando de maneira particularmente significativa os históricos princípios da liberdade, da igualdade e da solidariedade. Na história dos últimos decênios, ao contrário, propriamente a evocação da dignidade tornou-se sem dúvida mais intensa do que qualquer outra e constitui, portanto, um dado que une as advertências do Papa Bergoglio à busca de novos "condenados da terra", como os camponeses da planície de Rosarno. Este olhar mais aprofundado e compenetrado enriquece no seu conjunto os objetivos constitucionais, traz consigo uma visão bem clara do poder dos cidadãos, é um reforço de seus direitos e torna mais evidente e inclusiva a responsabilidade política"[6].

2. A permissiva Carta de 1988 ampliou, nos Princípios Fundamentais, os sustentáculos republicanos, juntando o pluralismo político, soberania, cidadania, dignidade da pessoa humana, valores sociais do trabalho e livre iniciativa com mesmo texto, sob "Todo o poder emana do povo, que o exerce por meio de representantes eleitos ou diretamente, nos termos da Constituição" (art. 1º).

Este é o Estado Democrático de Direito do Brasil: assim ele se constitui (o verbo, no texto, pode significar

---

5   CF/1988 – art. 1º, III: "a dignidade da pessoa humana".
6   Stefano Rodotà, em *La Repubblica*, na seção "Lettere, Commenti e Idee", o *artigo La Dignità della Persona*, p. 25, em 12/2/2017.

fundamento ou, se adjetivado, *constitutivo*, que concorre para a constituição de alguma coisa)[7]. *Hic et hoc*: ele é assim: vago, impreciso, incompleto, insuficiente.

"Dos Direitos e Garantias Fundamentais" abrangente demais o Título II da CF 88, porque, facilitado o pluralismo político, isso se reflete no Capítulo IV, sobre os Direitos Políticos, e também no Capítulo V, sobre os Partidos Políticos, a que o artigo 17 dá amplitude exagerada. Em resumo, um montão de partidos aqui, no Brasil (como na Holanda, vergonhoso para uma população de 17 milhões de habitantes).

3. Voltemos ao tema central: democracia sem partidos. E, de pronto, o faz como Damiano Palano[8] inaugura sua obra *A democracia sem partidos*: "Sobre o momento, parecem ser horas como todas as outras. Somente em seguida tomamos em conta que eram excepcionais e, então, procuramos desesperadamente reconstruir o fio perdido, repercorrer, em seguida, tudo em qualquer minuto". (George Simenon, *O homem de Londres*)

3.1. Fez sintético histórico da política italiana, partindo do funeral de Palmiro Togliatti[9], a seu ver, "o primeiro evento midiático da Itália republicana" (p. 7).

3.2. Partindo Palano desde a construção de Norberto Bobbio[10], seja na Primeira como na Segunda Re-

---

7   Constituição, constituir, constitutivo, *Grande Dicionário Etimológico da Língua Portuguesa*, de Silveira Bueno, 2º vol., S.P., 1964.
8   Damiano Palano, professor de Filosofia política e História do pensamento político.
9   Palmiro Michele Nicola Togliatti (26 março 1893 – 21 agosto 1964), político italiano e líder do Partido Comunista de 1927 até sua morte.
10   Norberto Bobbio (Turim, 18 de outubro de 1909 — Turim, 9 de janeiro de 2004) foi um filósofo político, historiador do pensamento político, escritor e senador vitalício italiano.

pública, disseca as anomalias dos partidos fantasmas, e lembra: "Os partidos continuam a constituir a principal agência de seleção do pessoal político, permanecem ainda confortavelmente instalados dentro das instituições e, graças aos seu relacionamento com o Estado, mostram-se hoje financeiramente quiçá mais fortes do que no passado. E é próprio o caráter paradoxal desta situação que tende hoje a tornar os partidos contemporâneos como partidos 'líquidos'". (p. 16)

3.3. Concordando seu pensamento com o das obras de Bauman[11] sobre "modernidade líquida" (construído de 2002 a 2004), em que cunhou a expressão e se tornou universalmente aceita, bem como a noção de "partido pessoal" de Calise[12], vagueia Palano, até chegar a Urbinati[13], que sugere uma "democracia plebiscitária".

E se volta Palano à ideia registrada em 2008, com o neologismo "partido líquido", aceito, no Vocabulário do Instituto da Enciclopédia Italiana, "caracterizado por uma linha pragmática de estrutura não definida com precisão, que permite adequar-se às instâncias com posições avançadas da sociedade civil". (Trecanni, edição 2008)

3.4. Retornando ao artigo de Rodotà, ao que hoje se conhece por democracia europeia, ele propõe que "um tema tão significativo para a construção de uma agenda política não pode ser separado de todos os outros aos quais se pretende dar relevância. E a dialética entre

---

11 Zygmunt Bauman (Poznań, 19 de novembro de 1925 – Leeds, 9 de janeiro de 2017) foi um sociólogo polonês, professor emérito de sociologia das universidades de Leeds e Varsóvia.
12 Mauro Calise (1951), professor de ciência política em Nápoles.
13 Nadia Urbinati (26 de janeiro de 1955), jornalista italiana especializada em ciência política.

possibilidade e impossibilidade exige a individuação dos princípios e dos critérios que devem guiá-la, onde a possibilidade se torna obviamente também ligada à realização de uma política constitucional".

4. Concluo, sugiro e proponho que:

4.1. Não há democracia sem definição precisa de liberdade e responsabilidade, para coroar a dignidade da pessoa. Só direitos, não!

4.2. Não há democracia com um exagerado número de partidos, nanicos ou não, que não se adaptam às necessidades civis e mais à realidade nacional.

4.3. Se os partidos liberais também não conseguem servir de trânsito para a paz e liberdade, levando o ser humano (cidadão também) a renovar-se, dando-lhe alma, e se eles não cumprem suas missões pragmáticas – vazias e imperantes – então cinde-se e rompe-se o diálogo; logo, nos Poderes devem ser revistas suas funções, porém, adaptadas à democracia e esta servirá o povo unicamente.

SÍNTESE DA BIBLIOGRAFIA SUGERIDA E LISTADA POR DAMIANO PALANO NO LIVRO *LA DEMOCRAZIA SENZA PARTITI*, P. 113-130

Arendt H. (2004), *Le origini del totalitarismo*, Einaudi, Torino (ed. 1948)

Bauman Z. (2002), *Modernità liquida*, Laterza, Roma-Bari.

Bauman Z. (2005), *Vita liquida*, Laterza, Roma-Bari.

Bobbio N. (2008), *Il partito fantasma*, in Bobbio 2008, p. 22-24.

Calise M. (2010), *Il partito personale. I due corpi del "leader"*, Laterza, Roma-Bari.

Diamanti I. (2014), *Democrazia ibrida*, Laterza-la Repubblica, Roma-Bari.

Diamanti I. (2004), *La solitudine del cittadino si fida solo di papa Francesco*, "La Repubblica", 29 de dezembri, p. 10-11.

Duso G. (2015), *Parti o partiti? Sul partito politico nella democrazia rappresentativa*, "Filosofia politica", 1, p. 11-38.

Habermas J. (1975), *La crisi della razionalità nel capitalismo maturo*, Laterza, Bari.

Habermas J. (2011), *La politica senza qualità*, "la Repubblica", 12 de abril, p. 1 e 32.

Ignazi P. (2012), *Forza senza legittimità. Il vincolo cieco dei partiti*, Laterza, Roma-Bari.

Lupo S. (2004), *Antipartiti. Il mito della nuova politica nella storia dela Repubblica (prima, seconda e terza)*, Donzelli, Roma.

Mastropaolo A. (2000), *Antipolitica. All'origine della crisi italiana*, L'Ancora del Mediterraneo, Nápoles.

Mastropaolo A. (2011), *La democrazia è una causa persa? Paradossi di un'invenzione imperfetta*, Bollati Boringhieri, Turim.

Naím M. (2013), *La fine del potere. Dai consigli di amministrazione ai campi di battaglia, dalle chiese agli stati, perchè il potere non è più quello di un tempo*, Mondadori, Milão.

Palano D. (2015), *La democrazia dei pochi. L'eredità dell'antielitismo e le sfide alla teoria democratica*, "Quaderni di scienza politica", 2.

Pizzorno A. (2010), *Se i partiti sono davvero un ponte; se il voto ha sempre il significato di una volta: da che cosa dipende il potere personale dei partiti?*, in Pizzorno 2010, p. 325-336.

Prospero M. (2009), *Elogio della mediazione*, "Democrazia e Diritto", 3-4, p. 385-473.

Urbinati N (2014), *Democrazia sfigurata. Il popolo fra opinione e verità*, Università Bocconi Editore, Milão.

PORTO RICO: É BOM LUGAR PARA INVESTIR?
CONFIRA O PARECER DO AUDITOR JURÍDICO!

"Às vezes eu prospero, às vezes eu falho, mas todo dia é um novo início e uma nova oportunidade."[1]
- Gretchen Rubin, *The Happiness Project*

Uma empresa brasileira, voltada ao mercado exterior, buscou no auditor jurídico, que atua independente de qualquer tipo de conflito de interesse, seu parecer, com reflexos, diretos ou não, na decisão, prospetando a situação atual de Porto Rico, como plataforma para vender seus produtos nos Estados Unidos. Seu ingresso no mercado americano comportaria várias prévias etapas em Porto Rico, para ali enviando os componentes, onde serão processados, completados, embalados e despachados para os EUA.

Em julho de 2017, quando redigido e entregue este parecer ao cliente que o solicitou, passa Porto Rico momentos dramáticos: sua situação financeira é muito grave, quase em quebra, causada por imensa dívida pública, que não tem meios de pagar. A constatação dessa ruinosa situação tomou de surpresa o mundo dos negócios local, porque se supunha estar Porto Rico em excelentes relações

---

1 *"Sometimes I succeed, sometimes I fail, but every day is a clean slate and a fresh opportunity"*, in Illinois Bar Journal, vol. 105, junho de 2017, p. 45, extraído do artigo escrito por Karen Erger: *"At the End of the Day"*.

políticas e econômicas com os Estados Unidos, propiciadores de grandes oportunidades, mas desconhecendo as suas peculiaridades.

É o estado com que se deparou o auditor jurídico para elaborar o parecer que, considerado ou não, poderia influenciar a decisão da empresa de investir.

1 – Primeiramente, coube ao auditor jurídico responder à empresa consultora se lhe competiria invadir seara que poderia ser ou aparentar ser de outras áreas do conhecimento comumente entregues a especialistas.

E, pertinente a dúvida, foi esclarecida, com a concorrência de alguns especialistas para diminuí-la ou apagá-la. Em circunstâncias semelhantes, levam o auditor jurídico a aceitar ou não a incumbência. Razão? Desde que vem sendo sustentada a pertinência da auditoria jurídica, ela não é circunscrita ao que foi destinada, academicamente. A singularidade repousa na abrangência não isolada do auditor e sempre no pressuposto ínsito de sua total independência. E esta pode valer-se de técnicas que a convençam ou não dos questionamentos respondidos. Ali repousa a nobreza e a dignidade da atividade, sempre que cumprida com esse desiderato.

1.1 – E, no caso em exame, o auditor jurídico buscou caminho incomum para formar a sua convicção: compareceu à 53ª Conferência da Federação Interamericana de Advogados, realizada entre os dias 26 e 30 de julho de 2017, na cidade do Panamá. Mais ainda, porque soube que o professor Carlos Ivan Gorín Peralta organizaria um painel sobre a crise jurídica, política, econômica e social de Porto Rico, a ser desenvolvido por três ilustres profissionais de áreas multidisciplinares (planejamento, direito, política e sociologia). Exatamente este painel, realizado em território independente, seria adequado a ampliar, sem travas, a discussão.

1.2 – O professor Gorín Peralta, abrindo o painel, centrou sua exposição, dando cores vivas à gravidade da situação e abordando de frente que os tortuosos caminhos da política interna levaram Porto Rico a enfrentar profunda crise que o governo local, para debelar, impôs rigoroso plano fiscal (ortodoxo). Consequências sentidas e vividas: fechamento de escolas, redução pela metade do orçamento da Universidade de Porto Rico, redução dos serviços de saúde, redução dos serviços públicos e dos salários, redução das aposentadorias, aumento de impostos e do custo de vida; incremento de moléstias mortais e de crimes violentos.[2]

1.3 – Os fortes atritos entre os cidadãos, com repercussões profundas no destino dos seus habitantes, levou o organizador do painel a convidar três panelistas, com posições políticas distintas: a independência plena, uma verdadeira associação livre não colonial de Porto Rico com os Estados Unidos e a admissão de Porto Rico como um estado da Federação Americana. E, adotando soluções não idênticas para o problema da relação política entre Porto Rico e os Estados Unidos, se manifestaram o advogado e planejador econômico Reynaldo R. Alegria, com o tema: "Da evolução à involução: o caso de Porto

---

2 Os interessados em outros escritos sobre os temas, em espanhol e inglês, podem comunicar-se com o Professor Gorín Peralta, mencionando que este comentador indicou e dirigir-se a cigorin@juris.inter.edu ou cigorinperalta@gmail.com

Rico"; o advogado David Rivera (atualmente dedicado a assistir juridicamente pessoas com escassos recursos econômicos, na *Corporación de Servicios Legales de Puerto Rico*), que sustentou *La Estalidad como método de descolonización*, esclarecendo que o vocábulo "estalidad" é o movimento dos que apoiam que Porto Rico se converta em um Estado Federado dos Estados Unidos da América, com vocação integrativa à nação do norte e, por fim, o advogado Alejandro Torres Rivera, professor universitário e advogado laboral em prol de trabalhadores e sindicatos, ardoroso expositor: *A situação colonial territorial de Porto Rico: uma aproximação breve do caso Sánchez Valle e a Lei Promesa*[3].

1.4 – Alejandro Torres Rivera abordou, e merece destaque, os custos sociais da situação colonial de Porto Rico, que, em síntese, são:

a. emigração maciça de profissionais para os Estados Unidos por falta de empregos;

b. dezenas de postos de trabalhadores qualificados perdidos, inclusive fechamento de empresas de alta tecnologia;

c. abandono escolar de quase 50% e desemprego atingindo 14,3% da população ativa, em 2013;

d. para uma população de 4 milhões de habitantes, quase 5% dela é usuária de "drogas fortes" e a delinquência atual aponta 21 homicídios para cada 100 mil habitantes;

---

3   O caso Porto Rico *versus* Sánchez Valle foi julgado pela Suprema Corte dos Estados Unidos; se Porto Rico e os Estados Unidos firmarem soberanias separadas, como os demais Estados, a tenham dentro do conceito de Federação, porém, decidiu que Porto Rico é um Estado não incorporado, submetido aos plenos poderes do Congresso dos Estado Unidos. Esse processo foi chamado de "Promesa" (*The Puerto Rico Oversight, Management, and Economic Stability Act*).

e. por fim, a dívida consolidada do país supera em valores expressivos o PIB e a dívida privada também equivale à pública.

1.5 – Ainda Torres Rivera focou que, editada a Lei Promesa, chegou ao país uma "Junta de Contraste Fiscal" para o propósito de reorganizar a quebra de Porto Rico e atender aos credores de *bonds*, mas com redução dos serviços públicos em geral. Cenário igual ao da Grécia, mas Porto Rico não tem os meios que teve aquele país para aceder aos organismos internacionais que poderiam reestruturar sua dívida pública.

1.6 – O cenário atual jurídico, político, econômico e social de Porto Rico não pode ser encarado como o ocorrido com a Grécia, em nível superior a Portugal e Espanha. Os três países europeus foram sustentados por serem membros da Comunidade Europeia e adotaram, com a discrição de Mario Draghi, presidente do BCE, medidas duras de consolidação interna. Acrescenta-se que um fator negativo, entre outros, é que a população envelhecida e aposentada precocemente consome, apesar de precários rendimentos, a maior parte dos recursos dos Estados. E isso os levou a reformular, corajosamente, até todo o sistema previdenciário.

2 – Então, candidamente expostos os fatos, sem censura, mas conferidos os organismos locais e acordados como corretos, como deveria comportar-se o auditor jurídico?

Quanto a Porto Rico, somente com estimativas seguras sobre o futuro do país, como se conduzirá, tendo em conta o seu equipamento, já implantado, conservado e aparelhado, assim como os circunstanciais e os acessórios ao desenvolvimento cultural e à felicidade do seu povo. Assim foi feito[4].

2.1 – Infraestrutura

1. Tem o país 24.000 milhas de estradas e autopistas.
2. Seu porto é classificado, em volume, na categoria de oitavo (Puerto de las Américas) e capacitado a operar navios de porte gigantesco, dos conhecidos como Panamax.
3. Seus aeroportos modernos operam com 4.300 voos de carga por mês e 1.800 voos de passageiros, por semana, para diversas cidades norte-americanas e outros destinos internacionais.

2.2 – Segurança e estabilidade

Neste momento, forçoso é apontar que Porto Rico tem elevados custos enquanto transação e insegurança judicial e apresenta-se com incerteza para negócios e investimentos[5].

Mas, como se trata de prospecção de negócios, estes exigem cautela, prudência, espera, coleta de informações micro e macroeconômicas. Embora isso seja importante, recusando a simplória Análise Econômica do Direito, incensada na Teoria de Coase, sempre temos em conta que o país existe porque nele há seres humanos e estes têm direitos inalienáveis. Então, só a partir do homem cabe interpretar o equivalente jurídico do país e como ele cuida de seus habitantes.

2.2.1 – Porto Rico, *sit et in quantum*, pode, sim, sofrer impactos sérios caso se desvincule completamente dos

---

4 Os dados micro e macroeconômicos foram obtidos diretamente com "Fomento - Compañía de Fomento Industrial", em junho de 2017.
5 Artigo de Rodrigo Dufloth, "Brasil, custos de transação e insegurança jurídica (causas e consequências)". Migalhas, sexta-feira, 21/7/2017.

Estados Unidos e, então, busque seus destinos no concerto deste mundo globalizado, incerto e inseguro. Em contrário, *se non è vero*, com a vitória da anexação, 2.2.1.1 – as empresas que operam disporão da proteção das leis federais americanas; o sistema bancário terá regulação americana e os depósitos estarão assegurados pelo conhecido FDIC (Federal Deposit Insurance Corporation); toda propriedade intelectual estará sob o pálio dos complexos regulamentos americanos; possivelmente os investidores terão acesso a fundos federais para projetos de infraestrutura, projetos sociais e programas educativos e de pesquisa; compartilharão com dezenas de organizações financeiras internacionais e continuarão com o melhor acesso aéreo no Caribe;

2.2.1.2 – ainda vitoriosa a anexação e equilibradas as finanças, à indústria se facultará acessar o Centro de Assistência para contratar com o governo (contratos com o governo federal, inclusive o Departamento de Defesa com suas escandalosas verbas); ter os benefícios de reserva de mercado com porcentagens preferenciais, fomentando a compra de bens por parte do governo para empresas locais; ajuda financeira para exportar, destinados a campanhas promocionais além de substancial incentivo para transporte marítimo e terrestre ao exterior (reembolso de 20% dos custos do transporte de cada contâiner desde Porto Rico);

2.2.1.3 – incentivos fiscais para indústrias que investirem em pesquisa e desenvolvimento, chegando até o crédito contributivo de 50% para os investimentos em investigação, pesquisa e desenvolvimento que forem realizados no país;

2.2.1.4 – assistência gratuita para as empresas manterem o controle de qualidade na produção de seus produtos; zona de livre comércio exterior, que prove onde o material, componentes e produtos acabados podem ser encontrados ou processados, com eliminação de impostos doganais;

2.2.1.5 – programa amplo de desenvolvimento de artesãos locais, para comercializar, capacitar e auspiciar oportunidade várias, inclusive incentivos para compra de equipamentos, ferramentas e materiais.

3 – Dispositivos médicos (como marcapassos, desfibriladores, equipes odontológicas, lentes de correção visual); medicamentos muito vendidos no mundo (Merck, Eli Lilly, Pfizer); biotecnologia (Bristol-Myers, Amgen); eletrônicos (fortes incentivos para empresas do ramo); aeroespacial (Honeywell, Aerospace); indústria de rum, fomentando a produção por orgânicos que vai impulsionar as marcas locais pelo mundo; forte *"smartwave"* para os meios de comunicação, publicidade e com editoriais, com salários mínimos de US$ 2.000,00 mensais; indústrias têxteis, concorrendo com as chinesas e oferecendo uma gama de roupas; operações feitas; de informática com custo mais baixo, mas trabalhando nos Estados Unidos, inclusive para entretenimento digital.

4 – Conclusão

Colocadas estas informações, levou o auditor jurídico em conta os aspectos legais, econômicos, políticos e socais neste parecer, e sugere que: é indispensável aguardar os eventos políticos que deságuem na decisão ou não de independência de Porto Rico, para se aferir a capacidade do país de pagar a dívida contraída com poupadores, investidores e organizações financeiras, calculando, sobretudo, as consequências internas políticas e sociais que advirão.

Folgadamente, será trabalho de espera por cinco anos, antes de investir com segurança quantias importantes no país.

COMENTANDO A LEI MUNICIPAL DE SÃO PAULO N° 16.703/17

O rabo revela a raposa. *Cauda de vulpe testatur.*
- L. De Mauri. *Cinquemila proverbi e motti latini (Flores sententiarum).* Verbete: *Inganno*

O homem jovem conhece as regras,
mas o homem mais velho conhece as exceções[1].
- Provérbio inglês

A fúria avassaladora no desmonte dos bens públicos, com frequência tem-se mostrado, no Brasil, devastadora do patrimônio adquirido ao longo dos anos, com esforço de todos os cidadãos. Assim está sucedendo na cidade de São Paulo, no estado de São Paulo e na República.

Voltemo-nos apenas para a Lei Municipal de São Paulo 16.703/17 e também ao que corre paralelo, o Fundo Municipal de Desenvolvimento (FMD).

O FMD projeta realizar bens públicos, mediante certames para arrecadar um valor que não supera R$ 500 milhões de reais, com a venda do Estádio do Pacaembu, cemitérios, parques, serviço funerário, terminais de ônibus.

Na pressuposição de que as vendas ocorram regularmente e não haja favorecimentos, quando terminar o mandato do atual prefeito o produto não terá o valor apurado. Ora, óbvio que isso é o suicídio. No que concerne à

---

1 The young man knows the rules, but the old man knows the exceptions.

lei mencionada, anoto o que o genial Teixeira de Freitas disse sobre bens: "Bens são todas as coisas, corpóreas e incorpóreas, que juridicamente podem ser apropriadas"[2]. Antes de mais nada, o que significa "apropriar"?

O verbo "apropriar", quando não pronominal, historicamente é um verbo transitivo com significado de "dar propriedade" e, figurativamente, "adaptar; acomodar convenientemente; atribuir". Mas este verbo pode ser empregado, como já é há séculos, pronominalmente, como "apoderar-se", "tomar para si como próprio; ou de propriedade; atribuir-se, arrogar-se". E já Vieira dissera: "Se apropriam dos males do próximo".

Os erros técnicos de legislação na redação da lei são flagrantes e mostram confusão reinante na nomenclatura, confundindo vocábulos jurídicos com vocábulos econômicos, ou até contábeis.

Concluo, considerando que:

1º) Rejeito a ideia de que a Prefeitura utilize e mude e altere nossa tradição jurídica consolidada, inclusive, no Código Civil vigente, considerando os bens públicos municipais como se fossem ativos. Parece que os autores deste diploma legal desconhecem os significados dos termos jurídicos e a linguagem que lhes é própria. Essa confusão que, além de deplorável, tomba no desconhecimento do que é legislar e seus requisitos essenciais, transmudando a lei em forma indireta de consagração da inépcia contemporânea, pois a sua aplicação, como dizia Bielsa, exige "a claridade de seu texto e a certeza dos termos ou vocábulos

---

2 Augusto Teixeira de Freitas. *Vocabulário Jurídico*. Tomos I-II. São Paulo: Editora Saraiva, 1983. 596 p.

jurídicos que ele emprega", porque "nosso bacharelado, que não é humanista, nem classicista, ou seja, ele é apenas utilitário, desde muito tempo não prepara suficientemente o estudante para iniciar certos estudos superiores (e daí os exames de ingresso)".

2º) Ativo não é bem no sentido jurídico, logo, não pode prevalecer, sobretudo com referência aos bens públicos.

3º) Os recursos que poderiam advir com a concessão ou venda, hipoteticamente, não chegam a pagar a folha de funcionários públicos. E quem diz, prova e demonstra, sem maquiar os dados, que num ano eleitoral se possa alcançar o necessário para áreas de saúde, segurança, educação, habitação, transporte, mobilidade urbana e assistência social?

4º) Seria mais proveitoso se eu fosse concordar com essa loucura: que se aplicassem milhões para acabar com as aposentadorias precoces, com o número ridículo de funcionários da Câmara Municipal e do Tribunal de Contas do Município, dos veículos oficiais (basta ter um "carguinho" para gozar de carro com motorista); quantidade exagerada de assessores em todos os graus nas secretarias, e se desse atenção ao que realmente temos de história nesta Pauliceia desvairada. Vão vender tudo, inclusive cemitérios e parques e, depois fiquem sem dinheiro para usufruir e sem nenhum apoio à população carente.

Em suma, existem buracos na construção da lei; graves equívocos etimológicos, de sorte que não é possível clareza no entendimento dos procedimentos; não existe uma previsão orçamentária segura, presente e honesta; os prazos são muito longos e está confirmado que a privatização para cobrir rombos e despesas orçamentárias não é o melhor caminho para políticas públicas autênticas e sérias.

COMO A TECNOLOGIA É UM DESSERVIÇO À VERDADEIRA ADMINISTRAÇÃO DA JUSTIÇA: "JUSTIÇA CRIATIVA: PRIMEIRO A SENTENÇA DEPOIS A AUDIÊNCIA"

O caso ocorreu recentemente no Tribunal de Bolonha, na Itália, e merece destaque no Brasil, reproduzindo-se fielmente o que o Conselho Nacional Forense publicou no dia 23 de janeiro do ano corrente. Assim narro: o defensor recebe a notificação da sentença, mas a audiência para discutir o caso fora fixada para o dia sucessivo ao recebimento da notificação, ou seja, deram a sentença antes da audiência e sem a presença do advogado.

Ocorreu o fato na Câmara Penal do Tribunal da Cidade de Bolonha. Trata-se de um caso simples, em que o Ministério Público opõe-se ao relaxamento da custodia cautelar do imputado (cidadão estrangeiro, acusado de furto).

O Tribunal fixou a data para julgar o recurso do acusado, respeitando o contraditório entre acusação e defesa, como prevê o Código de Rito Penal. O Tribunal acolhe recurso do Ministério Público e confirma a medida de custódia cautelar do imputado, mas com a condenação temporariamente suspensa para eventual recurso a outra instância.

O caso, que espelhou a sentença antecipada, explodiu no meio forense da cidade de Bolonha, mas o presidente do Tribunal não concordou com essas críticas, inclusive seus colegas afirmaram que: "Não existe nenhum elemento que possa colocar em dúvida a boa-fé dos magistrados envolvidos" e acrescentou que o direito de defesa inconcreto não sofreu "nem danos, nem limitações".

A decisão foi tomada e mantida e o advogado, no dia do julgamento, tentou inutilmente expor as suas razões.

Recentemente, no Tribunal da Cidade de Pádua, no qual pratiquei *a latere*, como auxiliar, ocorreu análogo "incidente". O julgador iniciou a leitura do dispositivo da sentença, sem sequer dar a palavra ao defensor para a sustentação conclusiva.

O presidente do Conselho Nacional Forense, que equivaleria ao Conselho Federal da OAB no Brasil, criticou os procedimentos, dando ênfase ao de Bolonha: "A resposta é simples. Para dar velocidade ao processo, não se faz processo. De outra forma, desta maneira não se compromete o sacrossanto direito da acusação, uma vez que a decisão, assim exaltando o sacrossanto princípio da não separação das carreiras, simplesmente acolhe o que diz o Ministério Público e isso é inconcebível. Somente uma preocupação: é que a atividade jurisdicional desenvolvida de forma tão rápida acaba, certamente, em ser uma atividade mais que deteriorante [acrescento: do conceito de justiça] tendo em conta que muito se fala a respeito da idade de aposentadoria dos juízes, pois necessitamos pensar na antecipação de colocar muitos juízes em aposentadoria, mesmo, quem sabe, alguns deles desde já. "

Esses fatos ocorridos na Itália nos fazem lembrar e meditar nos julgamentos que estão acontecendo no STF, nos quais os ministros julgam entre si, sem público, simplesmente utilizando computadores que, de boa-fé, nós aceitamos: são deles e pessoais as decisões e são eles que as digitam...

Para mim, que pertenço a outra geração, é muito difícil acolher e ser leniente com esse tipo de comportamento dos juízes que, ao invés de procurarem simplificar e trabalhar para melhorar o sistema, o defendem como Hércules, como se aparenta.

Os romanos tinham uma expressão que poderia ser aplicada diante desta situação surreal, como uma prática nova de julgar. Acrescentando ao provérbio escrevo: *iustitia fluctuat nec mergitur.*

15/11/1889: DATA DO APOCALIPSE CONTINUADO

> *A grandeza de um país não depende da extensão de seu território, mas do caráter do seu povo.*
> - Jean-Baptiste Colbert (1619-1683)

> **Power tends to corrupt and absolute power corrupts absolutely.*
> O poder tende a corromper e o poder absoluto corrompe absolutamente.
> - Lord Acton (1834-1902), Carta para o bispo Mandel Creighton[1], 3 de abril de 1887

1 – O doutor em ciências jurídicas e sociais pela Faculdade de São Paulo, do Conselho de Estado do Brasil Império, José da Silva Costa, publicou *A fase adventícia no Brasil*[2]. Tão pomposo título, sublinhado por "Estudo de Sociologia", a que se destinava e a que servia?

Prestou-se o jurista, que alcançara a dignidade profissional de exercer a vice-presidência do Instituto da Ordem dos Advogados Brasileiros, antecessor da Ordem dos Advogados do Brasil, como é conhecida, narrou a transição da Monarquia para a República. E o fez com agudo sentido de perceber e discernir e concluir o estrago republicano.

---

1 **Oxford Dictionary of Quotations*. Elizabeth Knowles. Oxford University Press: New York. 2009, 1155 p.
2 José da Silva Costa, *A phase adventicia no Brazil*, Companhia Typographica do Brazil, Rio de Janeiro, 1891, 80 p.

À Condessa d'Eu, a Redentora, dedicou a obra com palavras dignas de serem lembradas: *As grandes individualidades são a flor do gênero humano*, disse-o já Plínio, o Antigo.

"Se o pensamento do celebrado naturalista romano carecesse de confirmação, tê-lo-ia n'Aquela que, em aclamações entusiásticas do povo brasileiro, foi sagrada Redentora, e que, por suas magnas virtudes, conquistou os beneméritos da pátria, indisputável e altivo pedestal!".

2 – A república nasceu, segundo Costa, de circunstâncias extraordinárias, pois, na véspera, 14 de novembro de 1889, adormece com a população da cidade do Rio de Janeiro, "descansando nas garantias que tranquilamente desfrutava", para despontar com "o ministério do benemérito Visconde de Ouro Preto deposto e preso pela tropa naquele quartel" (referiu-se ao do Campo da Aclamação)[3] (p.1).

3 – O movimento, ao vivo presenciado pelo autor, que culminou com a intentona, mudando os destinos da

---

3 Em um grosso livro de 436 páginas, Affonso Celso de Assis Figueiredo Júnior, Conde de Affonso Celso (1860-1938), trouxe à luz a primeira biografia do pai, Affonso Celso de Assis Figueiredo, Visconde de Ouro Preto (1836-1912), o último Presidente do Conselho de Ministros do Império do Brasil, que o foi de 7 de junho a 15 de novembro de 1889. Passou a última década de sua vida dedicando-se a atividades intelectuais, como o magistério, agora afastado do ativismo político, como os demais monarquistas daquela primeira geração restauradora. Manteve, ainda assim, com os antigos conselheiros, senadores e autoridades fieis à filha e sucessora de D. Pedro II, o chamado *Directorio Monarchico*, órgão de assessoramento político, em terras brasileiras, da imperatriz exilada na França.
O Visconde de Ouro Preto faleceu em 21 de fevereiro de 1912, em Petrópolis, onde boa parte de sua descendência com a Viscondessa de Ouro Preto (nascida Sinhazinha Francisca de Paula Martins de Toledo, da antiga aristocracia paulista), estabeleceu-se desde os anos 1880.
Artigo – *Há 180 anos nascia o Visconde de Ouro Preto* – Publicado em 23 de julho de 2016 – Blog do IDII.

Santa Cruz, ocorreu ao arrepio do povo, pois "tanta confiança tinha no povo brasileiro o Preclaro Monarca, que duvidou que o movimento militar fosse ao extremo ponto de atentar contra a monarquia, acreditando, como externou, que essa crise era passageira por conhecer bem os sentimentos do povo brasileiro" (p.5).

4 – Então, por que nos tornamos esta república?

Eis o que nos narra José da Silva Costa em síntese:

4.1 – Comandadas pelo Visconde de Ouro Preto andavam bem as finanças do Brasil.

4.2 – O vetusto Código Comercial de 1850 e as Ordenações iriam ser profundamente alteradas, pois " o comércio, nele confiando [Ouro Preto] e nas reformas que iniciou, progredia, baseando os seus cometimentos em sólidos fundamentos" (p.5), com uma comissão, já nomeada, para organizar o Código Civil, malogrado o esforço daquele que tanto se esforçava para isso ocorrer, com data agendada em julho de 1890 para ser promulgado (**e isso somente iria ocorrer em 1916, com a república**).

4.3 – O Visconde de Ouro Preto, "com denodo e sem ambições interesseiras votou ao serviço da pátria o melhor de sua laboriosa vida e a maior força da sua alacridade" e já programara, para serem institucionalizadas:

4.4.1 – Alargamento do direito do voto, ampliando os distritos eleitorais;

4.4.2 – Plena autonomia dos municípios e províncias, com a administração eleita pelos cidadãos alistados;

4.4.3 – Os administradores eleitos poderiam ser suspensos e demitidos caso pusessem em perigo os interesses nacionais;

4.4.4 – Efetividade das garantias já concedidas por lei ao direito de reunião;

4.4.5 – Liberdade de culto e seus consectários;

4.4.6 – Temporalidade do senado;

4.4.7 – Reforma do Conselho de Estado, para constituí-lo novamente administrativo, tirando-se--lhe o caráter político;

4.4.8 – Liberdade do ensino e seu aperfeiçoamento;

4.4.9 – Lei de terras que facilite a sua aquisição, respeitando o direito do proprietário;

4.4.10 – Redução de fretes e desenvolvimento dos meios de rápida comunicação, de acordo com plano previamente assentado;

4.4.11 – Animar e promover a criação de estabelecimentos de crédito, que proporcionem ao comércio, às indústrias e especialmente à lavoura os recursos pecuniários de que carecem (p. 5/8).

5 – O Código Civil, especificamente, já minutado e com data para sua promulgação, é um monumento jurídico e, avançado, já no projeto, cuidou-se da Parte Geral (Introdução); do direito; das obrigações; das coisas; da família e das sucessões.

Originado do melhor pensamento da época, minucioso, criterioso, respeitoso, científico, culto, bem redigido, porque "em país nenhum do mundo se usou das franquezas individuais com mais ilimitada expansão do que no Império do Brasil, até 14 de novembro de 1889", mas contrários ao regime, pela ordem: os funcionários públicos, a imprensa, os comícios, os agitadores e os partidos políticos militantes.

6 – Se, como escreve Silva Costa, "a aparição da ditadura militar em 15 de novembro de 1889 não se justifica diante dos princípios que a moderna sociologia consagra, os fatos que lhe sucederam enunciaram que, nem o Brasil estava preparado para a metamorfose imposta, nem tinha homens capazes de levantar o sonhado edifício em fundações sólidas" (p.32).

6.1 – O Brasil copiou, servilmente, o modelo dos fundadores da república dos Estados Unidos, a quem "pediram inspirações ao levantamento do edifício, cujos lineamentos se procurou copiar no Brasil, sem correção, nem critério científico", mas com a sujeição a interesses alheios, sobretudo as graves acusações ao Dr. Ruy Barbosa, por atos contrários ao Brasil, de lavra de Antônio Joaquim de Souza Botafogo, estampadas e publicadas no *Jornal do Commercio* de 22 de março de 1891.

6.2 – Os maquinistas da chamada revolução "não conheciam o caminho que trilhavam, não viam o obstáculo que despedaçou as rodas, fez recuar o carro muito além do percurso feito, voltando ao simples período de uma fase estéril" indo até o arremesso contra a bandeira e o hino nacional, pois ordem e progresso levam a questionar que "haverá governo sem ordem, haverá nacionalidade sem que trilhe a senda indefinida do progresso" (p.78/79): "Pungente zombaria do acaso!... sobre ruinas, como sobre cadáveres, só se podem erguer edifícios como as torres de Tamerlan"[4 e 5].

---

4 Torres de Tamerlan: Tamerlão, conquistador mongol do século XIV que empilhava os crânios de seus inimigos, deles fazendo muros.

5 Pesquisamos, em fontes hodiernas, o que sucedeu no Brasil e nos envergonhamos

com o que a república fez e produziu. A conferir:

A Década Republicana – Editora Companhia Typographica do Brazil – Rio de Janeiro

a) I Volume 1902 (2º Edição), 278p. – I Finanças – Visconde de Ouro Preto

II Riqueza Pública – Angelo do Amaral

b) II Volume 1899, 284p. – III A instrução – Barão de Loreto

IV A Imprensa – Dr. Carlos de Laet

V O Parlamento – Dr. Affonso Celso

VI Direito Privado – Cons. Silva Costa

c) III Volume 1900, 279p. – VII A Justiça – Cons. Candido de Oliveira

VIII Eleições – Barão de Paranapiacaba

d) IV Volume 1900, 294p. – IX Exército – General Cunha Mattos

X Saúde Pública – Dr. Corrêa de Bittencourt

XI Municipalidade do Distrito Federal – Dr. Frederico Martins

e) V Volume 1900, 373p. – XII Armada Nacional – Visconde de Ouro Preto

XIII Comércio – Arthur Guimarães

XIV Segurança Nacional – Editores da Imprensa

f) VI Volume 1900, 569p. – Coisas da República – Conselheiro Andrade Figueira

g) VIII Volume 1901, 293p. – XVI O Chefe de Polícia da Capital Federal

O procurador da República

A Conspiração Policial

(Não conseguimos encontrar no mercado livreiro o VII Volume).

O CAMINHO TORTUOSO
DO GOVERNO FEDERAL[1]

1) No dia 4 de maio, o jornal *O Valor* (página A4) informou que o nível de investimentos no primeiro trimestre deste ano, oferecido pelo governo federal, é o menor dos últimos dez anos. Muito inferior ao da série histórica de 2007, quando o Programa de Aceleração de Crescimento (PAC) ainda dava os primeiros passos, como impulsionador desse tipo de despesa.

De outro lado, enquanto isso ocorre, revelando a brutalidade da recessão, o governo federal gastou com pessoal, no mesmo trimestre, o maior valor desde 2007, tendo em conta valores atualizados.

A expansão dos gastos com pessoal atingiu 7,1% no primeiro trimestre, em comparação com o mesmo período do ano passado, fato irretorquível e constatado por meio do qual o governo federal mostra seu lado perdulário pois que renuncia à sua renda futura, frente a frente com a renda corrente.

Isso, além de não ser bom tecnicamente, pois o gasto com pessoal subiu de forma intensa, mostra a tibieza do governo, que se curva às verdadeiras chantagens corporativas e

---

1 O autor sente-se como cidadão com a "cara de palhaço, pinta de palhaço": refrão do samba de 1961 *Palhaçada*, autoria de Luiz Reis e Haroldo Barbosa e que ficou famoso na voz de Milton Santos de Almeida, conhecido como *Miltinho* (Rio de Janeiro, 31 de janeiro de 1928 - 7 de setembro de 2014).

congressuais para garantir apoios políticos para suas pretensas reformas, que, na verdade, são pífias.

Alguns especialistas em contas públicas chamam esse procedimento do governo de "pedaladas invertidas", com o que não concordamos, uma vez que, de forma enviesada, criou despesa extraorçamentária, como provaremos adiante.

Se o governo federal não está sujeito a qualquer restrição de endividamento, como lhe faculta a Constituição Federal e a Lei de Responsabilidade Fiscal, não pode o presidente da República criar despesas extras, fora do orçamento, para favorecer uma classe de funcionários públicos.

E, mais grave ainda, só faz por Medida Provisória, com um texto que fere o bom-senso e a inteligência dos mais preparados, já que a Medida Provisória nº 765/16 é um verdadeiro descalabro jurídico, político e financeiro.

Tela pintada com longas pinceladas não reproduz o texto da M.P. em exame, pois ele foi aumentado de tal forma, com dezenas de remissões, para enganar quem o ousar ler, interpretar e examinar, causando e levando a equívocos, sobretudo a concessão de benefícios (art. 15º, § 5º) misturada com outros provimentos ou benesses aos funcionários.

Tal MP é um acinte à inteligência dos bem preparados e aos princípios da moralidade pública, que devem nortear os passos de qualquer governo constitucionalmente amparado, fora do exemplo do nosso país nesse histórico momento, em que a depressão continua, a retomada dos investimentos é modesta, o resultado das empresas é claudicante e temos 15 milhões de desempregados.

Diante desse cenário, mais do que previsível quando foi publicada a Media Provisória nº 765, temos de entender que, na verdade, se houve pedalada no governo cassado, neste a criação de despesas sem previsão orçamentária e por esse meio extravagante, sem amparo legal, é de se considerar inconstitucional, cabendo a responsabilização de seu autor.

Como então enganam que interessa ao país a melhora do ambiente de negócios, se perduram as incertezas e o governo federal esbanja com pagamentos extraorçamentários e criados por "fertilização *in vitro*"?

2) A Constituição Federal de 1988 previu no art. 62º que, em "caso de relevância ou urgência, o presidente da República poderá adotar Medidas Provisórias com força de lei".

O rito está claro. Trata-se de ação administrativa do presidente da República.

Nos governos de Fernando Henrique, Lula e Dilma, sem distinção, essa medida extraordinária de legislar foi utilizada de forma abusiva, escandalosa e fraudulenta. E também o faz o governo em trânsito, ao adotar a Medida Provisória 765, de 29 de dezembro de 2016, que "Altera a remuneração de servidores de ex-Territórios e de servidores públicos federais; reorganiza cargos e carreiras, estabelece regras de incorporação de gratificação de desempenho a aposentadorias e pensões e dá outras providências".

O que foi provisionado aumentou as despesas com gratificações e "programas de produtividade" e "bônus de eficiência", dentro do âmbito do Ministério do Trabalho, bem como, por extensão, ratificação de presentes aos Conselheiros do decantado CARF (Conselho Administrativo de Recursos Fiscais), como também para auditores da Receita Federal.

A esses apaniguados não é facultado receber benesses a teor do art. 166, § 3º, inc. II, "a" e "b" de Carta Maior, ou seja, ganhar mais do que o presidente da República.

Então o atual presidente da República, que diz lutar tenazmente para reduzir despesas essenciais à coletividade (saúde, educação, pesquisas e, mais ainda, a retirada de controle de segurança das usinas elétricas), permitiu-se aumentar, de forma escandalosa, os proventos dos funcionários públicos mencionados.

Há um vácuo impressionante entre o pobre salário-mínimo e as carreiras Tributária e Aduaneira da Receita Federal, assim como os Auditores Fiscais do Trabalho e os representantes do CARF.

Inclusive, de forma afrontosa, até os aposentados receberão bônus de eficiência e produtividade pela função de auditoria fiscal, com empenho em dar-lhes maiores ganhos quando produzirem receitas decorrentes de multas (art. 15, § 4º). Esta vergonha retroagindo à aposentadoria.

3) Não há dúvida nenhuma, diante do texto claro da Constituição, de que o presidente não pode sobrepor-se à Lei Maior, que não lhe dá a oportunidade de aumentar despesas em projetos de sua própria iniciativa (art. 63, § 1º).

4) Os artigos 12 e 13 da referida Medida Provisória balizam o somatório dos vencimentos básicos, que não podem exceder o limite máximo do inciso XI, do texto inicial do art. 37 da Constituição, e também como esses

bônus, além de não integrarem os vencimentos adicionais e gratificações de qualquer outra vantagem pecuniária.

De forma acintosa, o valor que receberem os apaniguados estarão isentos da contribuição previdenciária (só faltou isentá-los do Imposto de Renda). Em suma, enquanto se fazem contingenciamentos por vinte anos, como alardeado pelo ministro da Fazenda, com o apoio do presidente da República, este beneficia os que fiscalizam e funcionam como auditores, que são aquinhoados com salário mínimo de R$ 7.500,00 (art. 20) além de receberem, pelo menos, mais R$ 3.000,00 como "antecipação de cumprimento de metas", ou seja, podem receber dos contribuintes apesar de não atingirem essas metas.

Será que vale a pena continuarmos lutando pelo país, quando ele já está sofrendo um processo de *Black Friday* permanente?

4.1) O autor deste texto teve a infelicidade de passar pelo Polo Moveleiro de Ubá, em Minas Gerais, e verificou que pelo menos uma entre dez empresas encerrou atividades, e as remanescentes se reduziram à metade.

Quadro terrível, pois nos mostra que houve um corte de 1.166 vagas e o IDH é de 0,724% (fontes: IBGE).

5) Enquanto isso, mostrando que nosso país é subordinado aos interesses mesquinhos de apaniguados, a M.P. nº 765/16, no Senado Federal, por sua Comissão Mista, sendo relator Fernando Coelho e Covatti Filho (relator revisor), nos dá conta de que:

5.1) Os legisladores alteraram a Emenda presidencial para lhe dar amplitude maior com alcance ainda mais extenso dessa execrável atitude: *"Explicação da Emenda:*

A Medida Provisória prevê reajustes salariais para oito categorias de servidores federais, incluindo auditor fiscal da Receita Federal, auditor fiscal do Trabalho, perito médico previdenciário, carreira de infraestrutura, diplomata, oficial de chancelaria, assistente de chancelaria e policial civil dos ex-Territórios (Acre, Amapá, Rondônia e Roraima)", com alcance administrativo, para servidores públicos.

5.2) O relator, em 18/4/2017, redigiu a 3ª Reunião da Comissão Mista, em Audiência Pública, com a presença do ministro de Estado do Planejamento, Desenvolvimento e Gestão, Dyogo Henrique Oliveira e demais interessados classistas (presença maciça dos presidentes das Associações, sem exceção).

5.3) Imaginem se esses congressistas não são patriotas, nem cuidam dos interesses republicanos, pois que, ainda na Câmara, no prazo regimental, apresentaram 409 emendas à Medida Provisória, para incrementar os benefícios aos coroados.

5.4) A Comissão Mista deve, obrigatoriamente, emitir parecer pela matéria a ser submetida aos Plenários da Câmara dos Deputados e do Senado Federal (art. 62, § 9, da CF/Ação Direta de Inconstitucionalidade nº 4029, Diário Oficial da União de 16/3/2012).

6) Por último, esgotando-se, em poucos dias, o prazo derradeiro para votação do Parecer e a apreciação do Plenário do Congresso Nacional, após a manifestação escandalosa e parcial e afrontosa à miséria, será votada essa humilhação, vergonha, ignomínia, opróbrio, para desencanto dos que trabalham e ainda aceitam esse regime, por falta momentânea de outra opção.

OS QUE TRABALHAM COM EMPENHO PARA DESTROÇAR O PAÍS

"Eu nunca fui comunista. Mas, se fosse,
eu não teria vergonha de o ser."
- Albert Einstein em carta para Lydia B. Hewes,
10 de julho de 1950[1]

1 – Para magistrados e promotores (estes, *in fieri*), com o patrocínio do ministro Ricardo Lewandowski, foi minutada nova proposta para alterar a Lei Orgânica da Magistratura Nacional (Loman), visando a mais vantagens a serem criadas muito além das existentes (pecuniárias, férias, licenças, concessões e aposentadoria). A Loman atual, no artigo 65, prevê, além dos vencimentos, que os magistrados recebam ajuda de custo para despesas de transporte e mudança; para moradia nas localidades onde não houver residência oficial à disposição do magistrado; salário-família; diárias; representação; gratificação pela prestação de serviço à Justiça Eleitoral; gratificação por servirem à Justiça do Trabalho, onde não existe Junta de Conciliação e Julgamento; gratificação de 5% (adicional) por quinquênio de serviço, até o máximo de sete; gratificação de magistério por aula proferida e gratificação pelo efetivo exercício em comarca de difícil provimento. Querem mais, agora, creches para filhos

---

1 "I have never been a Communist. But I were I would not be ashamed of it." *The Quotable Einstein*. Alice Calaprice. Nova Jersey: Princeton University Press, 1996. p. 139.

até 6 anos, auxílio-educação (de 6 a 24 anos), custeio de funeral, mestrado, doutorado, cursos dentro e fora do Brasil e passaporte diplomático! Tudo isso sem pagar imposto de renda!

2 – Pois bem, a famigerada MP 765, de 26/12/2016, galhardamente transitou pelos recantos congressuais, "aperfeiçoada" pelos dignos representantes do povo, com cerca de 500 propostas para incrementar benefícios, gratificações a categorias especialíssimas, assim distribuídas: Carreira de Perito Médico Previdenciário e Carreira de Supervisor Médico-Pericial; Carreiras Tributária e Aduaneira da Receita Federal do Brasil e Auditoria-Fiscal do Trabalho (com bônus de Eficiência e Produtividade na Atividade Tributária e Aduaneira, entre R$ 4.500,00 e R$ 7.500,00, como "antecipação de cumprimento de metas, podendo aposentar-se com vantagens se forem exercer cargos políticos, tiverem mandato eletivo e outras não remuneradas").

E outras tantas, a saber: Carreiras de Analista de Infraestrutura, Cargo Isolado de Especialista em Infraestrutura Sênior com Pontos de Gratificação de Desempenho em Infraestrutura; Técnico e Assistente em Ciência e Tecnologia; Gratificação à Execução de Política Indigenista; Gratificações de Desempenho de Atividades Médicas do Plano Especial de Cargos da Suframa; Carreira Policial Civil dos extintos Territórios Federais do Acre, do Amapá, de Rondônia e de Roraima; Oficiais de Chancelaria e os Assistentes de Chancelaria. Por ora, são apenas estes, mas aguardem, que virão todos os outros. É só parar no tempo! E sem receio de quebrar o país, já genuflexo com 15 milhões de desempregados!

3 – Em suma:

a) está decretado o fim do contingenciamento de 20 anos, sem aumento de despesas, pois o Congresso alterou, com as modificações apontadas, salvo melhor juízo, o que já aprovara e fora sancionado pelo presidente da República;

b) este, se sancionar a MP 765/2016, nos termos emendados, aumentados e alterados pelo Congresso, estará infringindo a lei e criando despesas extra orçamentárias;

c) o Congresso alterou a Lei Orçamentária vigente, sem retificação ou explicação ou esclarecimentos, mesmo criando receitas.

Ora, aumentou também o teto de despesas da União, neste exercício, afrontando a Emenda Constitucional de 95, que a instituiu. Pior: subestimou as previsões inflacionárias do Banco Central.

Com a situação fiscal horrorosa, acontecerá, com essa MP 765/2016, um incremento das despesas, que passam a ser obrigatórias, superando a taxa de inflação, sem ter evoluído a receita federal, com um PIB minúsculo. Então, cai mais ainda a taxa de investimento do setor público, prevista para 1,2% este ano; aumento de desocupação à vista; capacidade ociosa das empresas; redução de gastos; menos liquidez, aumento de riscos bancários com a inadimplência; perda da confiança do empresário; depressão generalizada da classe média e segurança pública no ocaso!

REFLEXÕES E BREVES COMENTÁRIOS SOBRE O BREXIT[1] E SEUS EFEITOS

"Se os animais se dividem entre aqueles que se alimentam e aqueles que não se alimentam (isto é, que falam ou não falam de política), os homens se dividem não tanto entre os crentes e não crentes, mas entre pensantes e não pensantes".
- Norberto Bobbio.

"E, enquanto os pensantes se diferem mais diferem, os não pensantes sempre mais se massificam, distinguindo-se entre os intolerantes fastidiosos e os fanáticos perigosos"
- Silvano Fausti[2].

1. ANDANTE

Para enfrentar os leitores de MIGALHAS, vacinei-me contra o pessimismo. Procurei, busquei e encontrei fontes dignas para conhecer, à medula, o significado jus-político e econômico do Brexit; as fontes, todas dignas, porque a dignidade não é biodegradável, e daí ter elegido o combate franco das ideias contra o absurdo que li, ouvi e encontrei na imprensa sobre a decisão conservadora inglesa de abandonar a Comunidade Europeia.

De anos, acompanho a ascensão, os sacolejos e os acontecimentos referentes à criação e a penosa institucionalização do Tratado de Roma e, para melhor viver agora, como

---

1 Saída da Grã-Bretanha da Comunidade Europeia.
2 *Elogio de Nostro Tempo*, p. 21, Ed. Ancora: Milão, 2009.

antes, a *Google Generation*, e compreendê-la: a fé amparou-me. Como autor deste texto, a busca de uma relação calorosa com as ideias formadoras do Brexit e a sua ética apreciação me convenceram da pertinência da atitude.

2. ADAGIO EM SI MENOR

Não bastaram as tentações para montar um painel, nem o que encontrava dava-me segurança para buscar e construir convicções! A ideologia das convicções, porém, permitiu-me formular, logo de início, um juízo valorativo do Brexit – falta-lhe viver o espírito da fraternidade; trata os estrangeiros (sobretudo os da Comunidade Europeia e os imigrantes excluídos) como objetos, sem respeitá-los. E só há respeito quando se tenta ou se busca encontrar nos outros o seu semelhante, uma vez que todo homem e toda mulher tem um valor que vai além da sua etnia, da sua capacidade laboral e de suas qualidades morais e intelectuais. Por fim, o Brexit abandonou o traço criador que Deus ousou implantar na Comunidade Europeia, voltando e retrocedendo na busca de um isolamento frágil, já constatado porque o próprio Reino Unido é colocado em questão, com a possível e até provável retirada da Escócia, Gales e Irlanda: o Brexit dá impressão de querer viver a sua fé por meio dos mesmos caminhos equivocados como os que Henrique VIII trilhou.

3. TRIO

Advogados éticos, proeminentes, dignos têm se mostrado como escrutinadores do Brexit, mostrando o que pode ocorrer e o que se pode esperar dele[3]. E de seus escritos e comentários, sem nenhuma responsabilidade deles pelo que escrevo, alinharei o que penso, impressionado com a unanimidade, sobre a relevância e o inquestionável papel do Poder Judiciário inglês durante o período de carência previsto no artigo 50 do Tratado de Roma, que é de dois anos. E a Suprema Corte do Reino Unido, no dia 24 de janeiro deste ano, contrariando a Primeira Ministra, decidiu que o Brexit só poderia ocorrer se o Parlamento (Câmara dos Comuns e Casa dos Lordes em conjunto) o aprovasse, como sucedeu de fato.

4. RONDÓ EM LÁ MENOR

São tão complexas e tão grandes as implicações legais que o Brexit impõe ao mundo dos negócios que só posso dar aos leitores algumas pistas desse labirinto. E são poucas, nada mais do que *flashes*.

4.1 Implicações para companhias abertas

Desde o acesso de empresas britânicas ao mercado bursátil comunitário, há um percurso intrigante que resumo: serão elas obrigadas a refazer todo o longo itinerário (desde o prospecto) até a aprovação para ingressar no mercado? Como deverão proceder durante o período de saída do Brexit, em seguida e a longo termo? Como agir, no curso e na saída (é o caso das empresas listadas no London Stock Exchange e subordinadas às regras conhecidas como *FCA's Listing*)? Como se devem comportar com

---

3 Advogados Peter King, Andrew Wilkinson, Simon Taylor, Christopher Marks, Barry Fishler, Yan Hamilton, Jaurie Maples, Hanna Field-Lowes, Paul Bromfield e Jacky Kelly (membros do escritório Weil, Gotschal X Manges, de Londres).

a regulamentação comunitária (AIM) a partir de 3/7/2016 e sujeitas diretamente à nomeada *EU Market Abuse Regulation* (MAR) ou melhor, como deparar-se com as regras rígidas e com a *disclosure* (antes, durante e depois)? Como agir em fusões e aquisições extraordinárias (idem)?

4.2 O ambiente e as perspectivas para operações financeiras estruturadas

Tout court, o impacto, a meu ver, só será sentido ao existirem situações de fato e que exigirão reflexões fortes e complexas sobre as implicações legais e jurídicas referentes a contratos em vigor, bem como as necessárias informações que devem ser abertas ao público, sempre se tomando em conta os riscos inerentes a essas *disclosures*. Também não pode ser desprezado o quebra-cabeça da regulamentação financeira da Comunidade e das suas incompatibilidades (agora, durante e depois do Brexit). Correm rumores de um poderosíssimo *lobby* financeiro junto ao Parlamento Europeu para amenizar os efeitos do Brexit nesse mercado, criando-se propostas suaves e palatáveis (ou seja, dinheiro à solta!) ...

4.3 Em que sofrerão os processos de reestruturação e os de falência?

A Comunidade tem normas definidas que são aplicadas a essas situações com sucesso (a conhecida *European Insolvency Regulation*), enquanto a Inglaterra, no seu território, tem vigente o seu clássico *UK Companies Act*. Poderá haver impactos e conflitos extremamente complexos que vão exigir muita criatividade para as soluções, sobretudo nos tribunais competentes!

4.4 Como ficarão as *Resoluções Alternativas de Disputas*? Ou seja, as conhecidas *Arbitragens*?

Outra vez agora, antes e depois (repetindo Art. 50 do Tratado de Roma)

São tantos os problemas emergentes, a saber, contratos em vigor com provisões legais para as disputas, com suas interpretações peculiares caso a caso, com as escolhas das jurisdições etc., os chamados *cross border agreements* quando levam em conta as jurisdições, os direitos aplicados a eles e também os seus *enforcement;* as escolhas das arbitragens e os tratados de cada país. Assim considerados, parece-me que muitos negócios e bons negócios poderão ser inviabilizados, ou podem-se criar tantos problemas que demandarão muito tempo para serem solucionados, tornando esses negócios desinteressantes. Para consolo, pelo menos para mim, uma coisa parece certa, pois quando houver controvérsia, a neutralidade e a imparcialidade do sistema judicial inglês é sacrossanta.

4.5 Para avançar em outras implicações do Brexit, agora, durante e depois, eu teria de ser profeta. E, ainda, a repercussão para as companhias que operam com sofisticadas tecnologias, muito mais, sobretudo tendo em conta as dezenas que estão sediadas na Irlanda... O que me conduziria até Creta, onde o Minotauro estaria à minha espera no aeroporto...

Quem sabe mais tarde, depois que muita coisa se desvendar?

4.6 Afirmo – com muito cinismo e sutil hipocrisia – que o Brexit é um bom negócio para os advogados ingleses!

Concluo este escrito com esta *boutade*, de autoria do físico Nicolas Bohr (1885-1962): "Predizer é muito difícil, especialmente sobre o futuro".

A JUSTIÇA ARGENTINA VAI SOFRER EXPURGOS DE MACRI

Buenos Aires, janeiro de 2018

Já nos derradeiros momentos do ano de 2017, com fortes indícios de veracidade, circulam nos meios de comunicação desta capital que o presidente Macri vai expurgar muitos magistrados, sob a alegação de que há indícios de corrupção no exercício do cargo (um deles, o juiz federal Eduardo Freiler, foi destituído após "feroz processo").

Macri joga contra os juízes do grupo da presidente Cristina a clássica tática: não preencher os cargos que vagaram durante o primeiro ano do seu mandato presidencial. Isso valeu-lhe: 1) com apoio na entranhada legislação, tem à disposição em torno de cem juízes; 2) com acordos politicamente sólidos, não segue "a velha política" e joga forte com o *marketing*, através de acordos discutíveis, porque a minoria é frágil; 3) ao mesmo tempo, embora alardeie que não importa a militância do escolhido, busca reativar o Conselho de Magistratura e colocar figuras que se moldam aos seus interesses, para decidirem casos emblemáticos (exemplos: decisão absolutória do juiz Norberto Oyarbide, de grande interesse para os propósitos de Macri).

Para uma magistratura mais dócil aos seus interesses, Macri, com maioria nas Câmaras, vai alterar radicalmente os códigos penal e de processo penal, tendo o juiz Mariano Borinsky sido nomeado para redigir as duras sanções, mediante as penas aumentadas e a possível incorporação de novas técnicas criminológicas, incluindo até as pessoas jurídicas como responsáveis de certos delitos.

DESENVOLVIMENTO DE NEGÓCIOS EM UM ESTADO DE DIREITO E PREVENÇÃO DA LAVAGEM DE DINHEIRO E SEGREDO PROFISSIONAL

> *Democracy substitutes election by the incompetent*
> *many for appointment by the corrupt few.*
> - George Bernard Shaw, 1856-1950: Man and Superman (1903)
> "Maxism: Democracy"

> *Democracy means government by discussion,*
> *but it is only effective if you can stop people talking*[1].
> - Clement Attlee, 1883-1967: speech at Oxford, 14 junho de 1957

I

O tema proposto é reflexivo por sua própria natureza, quando não focado nos modelos que, tempos passados, possam ser reexaminados, porque a reforma dos direitos sucede, quando ocorrem mudanças sociais e, se abrem para os novos cenários jurídicos[2].

O Estado de Direito, ontologicamente, não pode ser mais entendido como se vivêssemos nos idos do início do século passado.

---

1 The Oxford Dictionary of Thematic Quotations. Nova Yorque: Oxford University Press, 2000. p. 105.

2 Andrea Pin e Amanna Vetorel. *La reforma dei diritti: mutamenti sociali e nuovi scenari giuridici*. Veneza: Marcianum Press, 2013. p. 7 - 9.

Trata-se de percepção: "Essa (a percepção) não se dá em primeiro lugar como um acontecimento no mundo ao qual se possa aplicar, por exemplo, a categoria de causalidade, mas como uma recriação ou uma reconstrução do mundo a todo momento"[3]. Em uma sociedade da técnica e dos mundos digitais, o fato entre "percepção" e "sensação" é mais amplo.

Então, num país, como é o caso do Brasil, que aqui será particularizado, sucede que a imagem da democracia atinge o maior desgaste desde 2002, crescendo a hipótese de golpe militar, segundo pesquisas processadas por respeitáveis fontes[4].

Diante desse quadro que se desenha para as próximas eleições gerais no Brasil (presidente, senador, deputado federal, governador e deputado estadual), não é pertinente cuidar-se de "ambiente para fazer negócios", sem erros grosseiros dos quais os investidores fogem, quando soa o apito de mudanças drásticas no regime democrático, liberal, sobretudo, como agora, não consegue "entregar o mesmo crescimento econômico do passado"[5].

Se assim é, se lhe parece, numa versão pirandeliana atual do Brasil, como local seguro, tais como instituições públicas funcionando regularmente, imprensa livre e legislativo cumprindo suas funções, passa a ser um mito, pois há fatos inibidores:

---

3 Maurice Merleau-Ponty. *La Phénoménologie de la Perception*. Paris: Gallimard, 1945.
4 Jornal Valor, 5/6/7 de maio, p. A9, 2018.
5 Helio Gurovitz. *Uma receita para curar a miopia democrática*. Época, 7/5/18, p. 48. Alertando para a tese de Dambisa Moyo, em seu recente livro *Edge of Chaos*, da editora Basic Books, p. 320, que: "diante da ascensão meteórica da China, a população nas economias emergentes passou a duvidar da importância de democracia na busca do crescimento".

1) O Brasil tem 180 mil leis federais, 80 milhões de processos em tramitação e 5,5 milhões de normas federais nos três níveis de governo (federal, estatal e municipal).

2) A Constituição do Brasil de 1988 (sucedendo várias outras revogadas do século XX), com seus 250 artigos e 114 disposições transitórias, já teve 99 emendas, torna difícil a interpretação e a aplicação, por acolher diversas opiniões sobre as suas normas.

3) A Confederação Nacional da Indústria, para o período de 2008 a 2012, para melhorar a segurança jurídica, tentou congelar 5,5 milhões de normas jurídicas que vigoram, apesar da insegurança, na sua aplicação, sem êxito.

4) O Brasil tem um dos mais complexos, intrincados e arcaicos sistemas tributários do mundo, que levam o Supremo Tribunal Federal a julgar centenas de casos fora de sua competência, originária de interpretar a Constituição.

5) É flagrante a profunda desigualdade social, em que, dentre outros meios, o incentivo ao empreendedorismo local pode ser alternativa para inserção social, mas com a revisão das alíquotas do Imposto de Renda que trata de maneira diferente pessoas com rendimento muito parecido.

6) O Sistema Judiciário é lento, pouco disponível e o acesso ao judiciário não significa acesso à justiça, pois a universalização dos direitos é utópica, (como sustentaram Pierpaolo Bottini[6] e Daniela Monteiro Gabay) o que quer dizer é uma sociedade profundamente desigual.

7) Um choque cultural e, sobretudo, educacional, é indispensável, para quebrar a gritante desigualdade de

---

6   Pierpaolo Bottini. Um sistema lento e pouco disponível. Jornal Valor 1 e 2 de maio, p. F4, 2018.

salários de juízes e do restante da administração pública, que demonstrou o Detalhamento da Folha de Pagamentos do Pessoal (magistrados do Tribunal de Justiça de São Paulo). Em março de 2018, o Estado pagou aos 300 juízes (é o maior tribunal do mundo), a média mensal de U$D 20.000,00, além de propiciar-lhes benefícios (comumente dito "indenizações"), que chegam até o pagamento de *baby-sitters* e, para alguns, passaporte diplomático (é apenas um simples exemplo diante de muitos outros na administração pública, para um país que espelha hoje 13.500.000 desempregados).

7.1) A educação consagrada por lei e pela jurisprudência e admitida com a transferência da solução de litígios para arbitragens na solução dos conflitos e de outros meios de resolução de conflitos (como a mediação) também tem proporcionado ao Brasil uma nova perspectiva de ser ambiente relevante para realizar negócios. A propósito, a China, que já tem investido no Brasil cerca de vinte e cinco bilhões de dólares (em prazo reduzido de tempo) já vai instalar em São Paulo uma Câmara de Arbitragem exclusiva para resolver problemas de empresas e pessoas físicas dos dois países.

8) O Brasil tem registrados 33 partidos políticos que vivem à custa de subsídios governamentais e são o grande veículo da corrupção.

9) Por outro lado, no lado interessante e relevante desta discussão, temos hoje no Brasil talvez o maior combate do planeta contra a corrupção de agentes públicos por agentes privados, de desvio de dinheiro público e lavagem de dinheiro. O ineditismo desse combate, sob o nome de

Operação Lava Jato, pode ser aquilatado por suas proporções, investigando, julgando e apenando desde Presidentes da República do Brasil até os maiores empreiteiros da América Latina, reconhecidos internacionalmente. Para empresários que cada vez mais zelam pela dignidade, ética e honestidade nos seus procedimentos, é alvissareira a magnitude da Operação Lava Jato e sua resistência, ao longo de quatro anos, ininterrupta e num crescendo que foca todo o espectro político, da direita à esquerda.

Estaria, enfim, o Brasil enfrentando seus problemas estruturais, dos quais assoma a corrupção endêmica, concentradora de riqueza indevida, empobrecedora da economia? Se a resposta puder ser sim, e aventamos que seja, então concluímos o Brasil como animador ambiente de negócios já em tempo bastante próximo, com reformas profundas em discussão.

A propósito, o analista econômico Luis Stuhlberger, gestor da Verde Asset, assinala, em entrevista ao Brazil Journal, em maio de 2018, que há motivos para estar otimista com o Brasil hoje como ambiente propício a negócios. E sublinha fatores relativos a aprimoramento institucional e combate à corrupção nos últimos anos.

Reproduzo, destes fatores: 1) o aprimoramento institucional "não só no Executivo, mas também no Judiciário", com maior atuação do TCU, STF, CADE, PGR, órgãos que, "até dez anos atrás você não sabia nem o que faziam, não tinham uma vida própria de fiscalização"; 2) o fato de "pela primeira vez no Brasil a corrupção estar sendo punida", o que significa combate de privilégios e desmandos, acarretando maior eficiência de desempenho nas estatais – "já é visível a melhora na governança de empresas públicas" – ao mesmo tempo que contribuindo para a redução de uma nefasta idolatria do Estado. Comentando que "não dá para achar que Banco do Brasil, BNDES, Petrobrás, Eletrobras e Caixa vão ser geridos como eram anteriormente à Lava Jato", Stuhlberger afirma que esses ganhos "não voltam atrás com o próximo presidente, seja ele quem for".

II

PREVENÇÃO DE LAVAGEM DE DINHEIRO

No ano de 1998, quando advogava para um banco brasileiro, encontrando-me na Europa, precisamente na França, atraiu-me uma discussão ocorrida num caso difundido na imprensa sobre lavagem de dinheiro na compra de armas para um país africano.

1) Por indicação de colegas franceses, contatei a *International Chamber of Commerce* (ICC), que dispunha de dados de pesquisas sobre lavagem de dinheiro, então em destaque no tráfico de armas e de droga ilícitas, como a maneira que os delinquentes utilizaram para tornar legais seus ganhos conseguidos de atividades criminais.

Carinhosamente, conservei as pesquisas com dezenas de anotações e, agora, ouso sintetizá-las, uma vez que a lavagem de dinheiro, exceto por ser atacada em convenções internacionais, a política repressiva pouco foi alterada à exceção do controle sobre as operações bancárias, nacionais e internacionais, além da dura diligência na abertura de contas individuais ou jurídicas e a governança nos valores operacionalizados nas contas correntes, ainda mais a restrição de saques, depósitos e transações em moeda corrente, inclusive dinheiro eletrônico (*e-cash*).

2) Garimpando as anotações da época e, ao mesmo tempo, não deixando de lado a proliferação universal (Convenções) e particular (cada país individual), reproduzo-as, levando em conta, em primeiro lugar, a lavagem de dinheiro e seus graves perigos em todos os campos e outros aspectos relevantes na prevenção e combate à lavagem de dinheiro.

2.1) O que é lavagem de dinheiro?

A expressão "lavagem de dinheiro" adquiriu proeminência na década de 1970, quando houve independência de muitos países africanos: revoluções, golpes de Estado e movimentos separatistas; compra e venda de armas, com tráfico intercontinental, além de prenúncios intensos de contestações de sérias consequências como o definhamento dos países comunistas; o tráfico de mulheres e crianças, tudo para salientar os mais importantes (outros: raptos, terrorismo, corrupção, evasão fiscal fraudes, roubos).

Então, a lavagem de dinheiro, genericamente, se consolidou ou se definiu como "obtenção de fundos utilizados ou resultados de atividade criminal com aparência de legitima".

Omnis definitio periculosa est, no jargão romano, mas, sem definição, não há possibilidade de o tema ser aprofundado, como reza a lógica aristotélica, nem haver, penso eu, conhecimento cientifico ordenado.

A lavagem de dinheiro, sociologicamente considerada, pode e já tem ocorrido em diversos países e diversas épocas arruinar pessoas, instituições e mesmo até sociedades por inteiro: é o seu deletério efeito, que se multiplica, arruinando os fundamentos da sociedade e pondo em risco a democracia e até o Estado de Direito (como no Brasil).

3) Quais seriam os riscos diretos?

Tout court, individualmente afetados os que se envolvem com criminosos para ajudar no "tráfego" da lavagem de dinheiro. Esse envolvimento, como agora ficou demonstrado no Brasil, sempre ocorre em busca de extraordinários ganhos fáceis, vulgarizando executivos estatais e privados, banqueiros, advogados, contadores, auditores, comerciantes (de arte, sobretudo), importadores e exportadores.

Diretamente, muitos países, como constatei trabalhando na Itália, Suíça, Gana e Congo, por exemplo, são profundamente afetados, quando governos fracos ou corruptos, colaboram ou se engajam para realizar negócios escusos com empresários e políticos (especialmente na realização de obras públicas).

Como riscos indiretos, há os que decorrem de competição dos negócios ilícitos com as atividades legítimas.

Lamentavelmente, posso assegurar que isso ocorre até em nossos dias, em pequenos negócios, mais experiencializados nos comércios de rua, conhecidos como "*underground*", em que as mercadorias, geralmente contrafeitas (falsificadas), atentam contra a legitimidade de marcas universais, são de péssima qualidade, adquiridas de fontes que escravizam os operários e são vendidas sempre em *cash*. Em muitas cidades que visitei, havia o questionamento dos comerciantes regulares perante a lei: "vale ser honesto?".

Lembro que os criminosos em suas atividades ilegais são passíveis de riscos criminais e de riscos civis (multas, confisco de bens), além de possíveis riscos de perdas de direitos de funcionamento (regulação legal) com a cassação de licença comercial, por exemplo. A grande maioria dessas atividades criminais, envolvem dinheiro e sua introdução no sistema bancário. E, dentre muitos, são:

a) operações em dinheiro;

b) cumplicidade do banco, com a corrupção de funcionários ou transferências internacionais para jurisdições lenientes;

c) as falsificações de documentos para despistar a origem ilícita dos fundos a serem transferidos e respectivas titularidades;

d) utilização de "meios estranhos", como malotes e embarcações para o transporte de somas importantes;

e) metais preciosos, obras de arte, restaurantes, bares, cabelereiros, fitness centers, cassinos, casas lotéricas, hotéis, estancias, máquinas de vendas de produtos consumíveis em locais públicos, carros, aviões, barcos, imóveis na praia, fazendas e gado;

f) utilização de brokers, para investimentos em ações, títulos públicos e privados, fundos exclusivos, em que os brokers são cumplices;

g) finalmente, as operações na internet de "e-cash", faturas falsas, cumplicidade de bancos, companhias com falsos personagens apoiados em falsos documentos de identidade, também fazem parte desse universo de ilicitudes, onde constatei, como advogado de vários bancos internacionais, que cartas de crédito, cheques bancários, ações, mesmo nominativas e "brands" também reduzem as chances de detecção.

Enfim, esse é o mundo do *underground* que permeia o "dinheiro sujo" e seu percurso que o leva à lavagem (legalização).

III

1) A palavra segredo é de origem latina[7]. Existe o segredo de tutela penal. Quando for do Estado, em particular, quando "existe um complexo de disposições penais para efeito das quais notícias ou determinados atos e documentos, de conhecimento de uma única pessoa ou de um restrito número de pessoas, não devam ser divulgados"[8]. E esse segredo de estado foi criado pela Lei nº 801, em 24 de outubro de 1977, na Itália, que distinguiu o segredo político do segredo de estado.

2) No Brasil, em sede constitucional, o segredo é tipificado sob várias formas, no artigo 5, que cuida dos direitos fundamentais em geral.

---

7   *Vc. dotte, lat. secrētu(m)*. *Dizionario Etimologico della Lingua Italiana*. Roma: Zanichelli, 2008.

8   Verbete *segreto*, tutela. *Enciclopedia del Diritto e dell'Economia*. Garzanti, 1985.

É muito extensa a lista dos direitos e garantias, destacando-se, dentre eles, segredo de correspondência e de comunicação e o da fonte na imprensa.

3) Universalmente, devido à natureza da profissão de advogado, houve um longo debate, na construção do instituto, pois, alongando o espectro de palavra no campo ideológico, quando se cristalizaram temas que são tidos ao segredo sobre notícias provindas de atividade profissional ou no âmbito das atividades oficiais ou cobertas pela natureza pública.

Então, popularizou-se o conceito de segredo profissional, que abrange, entre muitos, os advogados, os notários, os médicos, os banqueiros, os jornalistas (estes sobre as fontes confidenciais das atividades profissionais).

Mas, criou-se também o segredo de ofício, ou seja, o que se refere aos funcionários públicos e aos que tem obrigação de manter em segredo informações relativas às funções ou ao serviço por expressa disposição legal, por ordem de autoridade ou por costume que não devem revelar a estranhos.

3.1) Um parêntese necessário: no Brasil, o Código de Processo Civil (2015), considera que "os atos processuais são públicos, tramitando, todavia, em segredo de justiça, os processos: I – em que exija o interesse público ou social; II – que cuidem de assuntos sobre casamento, família e menores; III – que tratam de atos protegidos pelo direito constitucional à intimidade e IV – que versem sobre arbitragem *in genere*".

4) O sigilo profissional do advogado hodiernamente é respeitado na unanimidade dos países democráticos.

No Brasil, decorre do direito à intimidade, previsto no artigo 5, incisos X e XI, da Constituição Federal.

4.1) O sigilo é essencial ao exercício da profissão. O profissional, ganhando confiança do cliente, passa a deter informações que amparam a vida inteira da pessoa, sem invadir a sua privacidade, uma vez que, cristalizada a relação, as informações recebidas são indispensáveis para o pleno exercício profissional, com a garantia do sigilo, amparado pela Lei Maior.

E esse sigilo é previsto no artigo 25 do Código de Ética e Disciplina da Ordem dos Advogados do Brasil (*verbis*): "Artigo 25 – O sigilo profissional é inerente à profissão, impondo-se o seu respeito, salvo grave ameaça ao direito à vida, à honra, ou quando o advogado se veja afrontado pelo próprio cliente e, em defesa, tenha que revelar o segredo, porém, restrito ao interesse de causa".

Como o advogado é o juiz de sua própria consciência, caso seja obrigado a depor em juízo, à lei lhe facilita fazê-lo sem prestar juramento, porque, então, estará autorizado a revelar fatos (apenas os que teve conhecimento).

5) Por fim, em monografia publicada em 2015[9], abordei uma questão transcendental para os advogados que praticam na Comunidade Europeia: a necessidade de, quando exercitarem em jurisdição nacional diversa em que residem, sujeitar-se à outra, respeitando sempre a Carta dos Princípios Fundamentais do Advogado Europeu e o Código Deontológico dos Advogados Europeus

---

9   Jayme Vita Roso. Apontamentos aos Códigos Deontológicos do Advogado Europeu e Italiano. São Paulo: Migalhas, 2015.

(última redação realizada na cidade de Porto, em Portugal, também em 2006).

5.1) Como as normas deontológicas se aplicam a todos, embora não exista extrapolação territorial, sucede, às vezes, que, ao advogado: "se exige que, em cada translado enfrente dupla deontologia, a própria (da residência) e a de onde vai praticar. Há um interesse público a resguardar e a preservar"[10].

5.2) O artigo 25 do Código de Ética, e outros cinco artigos, delimitam, garantem consideram que, tanto o sigilo, quanto o segredo do profissional são irrevogáveis[11], ressaltando que, na Itália, em 2013, o novo Código Deontológico foi aprovado, constando 73 artigos[12].

IV

UM SURPREENDENTE CASO DE LAVAGEM COM DARK MONEY

1) Membro da Illinois Bar Association (nº 12462), porém, já *retired*, acompanho as suas atividades, bem como a Loyola University Chicago, da qual participei no *Departament Antitrust and Consumer Law*. E sempre me surpreendo pelas inovações e pelo empenho criativo das universidades locais e da Illinois Bar, em dar aos advogados oportunidades de desenvolvimento pessoal e profissional.

10 Idem, p. 24.
11 Idem, p. 61-62.
12 Idem, p. 43-99.

2) A DePaul University em parceria com o Clifford Law Offices, como faz anualmente, promoveu um evento que me chamou a atenção com o título, o programa e os expositores: *The Impact of Dark Money on Judicial Elections and Judicial Behavior*[13].

3) E, pelo interesse no tema, pelo acontecimento inusual, pela coragem cívica dos organizadores do evento, pelo interesse do meio jurídico pelo fato e da sociedade com a ocorrência (sobretudo os movimentos sociais dos quais destaco Citizens United) apresentando conferencistas e os temas cuidados.

3.1) Alicia Bannom[14] – *Judicial Elections After Citizens United*

3.2) Michael J. Nelson[15] – *Is there a Silver Lining? Deep, dark, secret money and public perception of Courts*

3.3) Hebert M. Kritzer[16] – *Judicial Elections in the 2010s*

3.4) Tracey George[17] e Albert Yonn[18] – *Dark Money and the Gavel Gap: An Empirical Analysis of Campaign Contributions and the Composition of the State Courts*

3.5) Penny J. White[19] – *The other costs of judicial elections*

3.6) W. Bradley Wendel[20] – *The Limits of Professionaism: Campaign Contributions and Judicial Ethics*

---

13   2017 - *The 23rd Annual Clifford Symposium on Tort Law and Social Policy*. Recebi participação por internet, tendo recebido, também pelo meio virtual, todos os textos dos expositores.

14   https://www.brennancenter.org/expert/alicia-bannon

15   https://pennstatelaw.psu.edu/faculty/nelson

16   https://www.law.umn.edu/profiles/herbert-m-kritzer

17   https://law.vanderbilt.edu/bio/tracey-george

18   https://www.law.utoronto.ca/faculty-staff/full-time-faculty/albert-yoon

19   https://en.wikipedia.org/wiki/Penny_J._White

20   http://www.lawschool.cornell.edu/faculty/bio_bradley_wendel.cfm

3.7) Dmitry Bam[21] – *Darker Money*

3.8) James Sample[22] – *The agnostic's guide to judicial elections*

4) Onde estas exposições podem nos levar? A meu modesto entender, pesquisando eventos semelhantes pelos países democráticos: o regime democrático, sobretudo pela mundialização e pela revolução virtual, enfraqueceu e pode conduzir, caso colapse, a uma nova ordem pública, sobretudo com restrição à liberdade.

BIBLIOGRAFIA CONSULTADA PARA A REDAÇÃO DO ARTIGO *DESENVOLVIMENTO DE NEGÓCIOS EM UM ESTADO DE DIREITO E PREVENÇÃO DA LAVAGEM DE DINHEIRO E SEGREDO PROFISSIONAL*

Livros

The Oxford dictionary of thematic quotations. Nova Yorque: Oxford University Press, 2000. p. 105.

GRAYCAR, Adam; SMITH, Russell G. Handbook of Global Research and Practice in Corruption. Cheltenham: Edward Elgar, 2013. 520 p.

ROSE-ACKERMAN, Susan. International Handbook on the Economics of Corruption. Cheltenham: Edward Elgar, 2002. 656 p.

ROSE-ACKERMAN, Susan. SOREIDE, Tina. International Handbook on the Economics of Corruption: Volume two. Cheltenham: Edward Elgar, 2011. 587 p.

---

21 https://arkbar.eventsential.org/Speakers/Details/213406

22 http://law.hofstra.edu/directory/faculty/fulltime/sample/

MALLIN, Christine A. Handbook on International Corporate Governance. Cheltenham: Edward Elgar, 2011. 480 p.

FRUGONI, Alina Celi. Derecho global y tecnología. Montevideo: Universidad de Montevideo, 2013. 168 p.

ESTRAZULAS, Nicolás Etcheverry. Un torneo de todos: ética en la persona, la empresa y el Estado. Montevideo: Universidad de Montevideo, 2006. 205 p.

ROSO, Jayme Vita. Apontamentos aos Códigos Deontológicos do Advogado Europeu e Italiano. São Paulo: Migalhas, 2015. 157 p.

PIN, Andrea; VETOREL, Amanna. La reforma dei diritti: mutamenti sociali e nuovi scenari giuridici. Veneza: Marcianum Press, 2013. 185 p.

Artigos

The 23rd Annual Clifford Symposium on Tort Law and Social Policy: The Impact of Dark Money on Judicial Elections and Judicial Behavior. 2017

Claudia Safatle. O cipoal jurídico em que se enredou o Brasil. Jornal Valor: São Paulo. 4 de maio de 2018, p. A2.

Marcella Claudia Nantes. O Sigilo Profissional do Advogado. Disponível em <https://marcellanantes.jusbrasil.com.br/artigos/183619230/o-sigilo-profissional-do-advogado>.

Daniel Penteado Castro. A quebra de sigilo profissional na relação cliente/advogado perante a Legislação Brasileira. Disponível em <http://www.migalhas.com.br/dePeso/16,MI8970,21048-A+quebra+de+sigilo+profissional+na+relacao+clienteadvogado+perante+a>.

Nilson José, Hadassah Laís, Antônio de Moura. Acordos internacionais no combate ao crime de lavagem de dinheiro. Disponível em <*https://portalrevistas.ucb.br/index.php/RDIET/article/download/6111/3902*>.

Milton Carvalho Gomes. Lavagem de dinheiro e cooperação internacional: a necessidade de um estudo integrado para uma efetiva política pública de combate à criminalidade transnacional. Disponível em <http://www.conteudojuridico.com.br/artigo,lavagem-de-dinheiro-e--cooperacao-internacional-a-necessidade-de-um-estudo-integrado-para-uma-efetiva-politica-,40945.html>.

Márcio Adriano Anselmo. O ambiente internacional do combate à lavagem de dinheiro. Revista de Informação Legislativa: Brasília a. 47 n. 188 out./dez. 2010.

Jayme Vita Roso, Migalhas, artigo "Desenvolvimento de negócios em um Estado de direito e prevenção da lavagem de dinheiro e segredo profissional", publicado em 6/7/2018, inclusive no Facebook, com 56.927 pessoas alcançadas, 415 curtidas, 22 comentários e 125 compartilhamentos.

Esta obra foi composta em CTcP
Capa: Supremo 250g – Miolo: Pólen Soft 80g
Impressão e acabamento
Gráfica e Editora Santuário